儿童怪诞行为心理学

了解孩子常见心理 规范孩子日常行为
爱TA，就读懂TA的心灵

吴雨庭 ◎著

中国商业出版社

图书在版编目（CIP）数据

儿童怪诞行为心理学 / 吴雨庭著 . -- 北京 : 中国商业出版社 , 2018.4

ISBN 978-7-5208-0285-7

Ⅰ . ①儿… Ⅱ . ①吴… Ⅲ . ①儿童心理学 – 研究 Ⅳ . ① B844.1

中国版本图书馆 CIP 数据核字（2018）第 062776 号

责任编辑：朱丽丽

中国商业出版社出版发行

（100053 北京广安门内报国寺 1 号）

010-63180647 www.c-cbook.com

新华书店经销

大厂回族自治县正兴印务有限公司

*

710 毫米 ×1000 毫米　1/16 开　14.5 印张　190 千字

2018 年 6 月第 1 版　2018 年 6 月第 1 次印刷

定价：39.80 元

****

（如有印装质量问题可更换）

前言

每一个孩子从呱呱落地开始，就成为父母心目中当之无愧的天使。对于自己的孩子，父母怎么看都喜欢，简直是百看不厌，与此同时，父母也对孩子寄予了深切的期望，希望孩子有朝一日出类拔萃、出人头地。最重要的是，几乎所有父母都坚定不移地相信自己一定能梦想成真。而当孩子在成长的过程中，没有成为父母期许的样子，父母往往难以接受，甚至认为自己的教育过于失败或孩子不够听话。

然而，这就是现实：大多数孩子都很普通，或许一生都会过着庸庸碌碌的生活。因此，父母哪怕再心不甘情不愿，也要接受这一点。

除此之外，在成长的过程中，孩子还会不断地给父母出难题。从出生开始，他们几乎每天都给父母惊喜，然而随着孩子渐渐长大，这样的惊喜也变成了惊吓。孩子们表现出来的怪诞行为，让很多新手爸妈都无暇应付，甚至感到崩溃。为此，有的妈妈甚至说孩子还是揣在肚子里好，至少不用担惊受怕，自己也相对自由，想去哪里就去哪里。由此可见，对比孩子出生之后的种种状况，妈妈宁愿继续忍受十月怀胎的辛苦。事实上，孩子真的有这么可怕吗？

如果你提前做足了功课，了解孩子有可能出现的怪诞行为，那么你也许就不会那么担心，也就能相对从容了。如果你此前不知道如何做父母，更没有参考过他人的经验，那么，接下来等着你的就是日复一日的惊吓。正如一位名人所说的，没有人天生就会当父母，所以大多数父母都是经历之后才拥有经验的。这也是本书的目的所在，即把他人当父母的经验借鉴过来。当然，这未必对每一个爸妈都适用，但至少能够让爸爸妈妈们心中有所准备，不至于像看待怪物那样看待孩子。

当孩子半夜三更不停地哭泣，不管怎么哄都哄不好时，爸爸妈妈便开始怀疑孩子是魔鬼的化身，专门被派来折磨自己；当孩子进入叛逆期，对于父母的一切指令都置之不理时，父母难免会懊悔生了个冤家对头出来和自己作对；当孩子成为幼儿园里的小霸王，父母会觉得孩子是牛魔王转世；当孩子动辄就抢其他小朋友的东西，甚至与老师横眉冷对时，父母简直歇斯底里……父母为何感到深深的焦虑和不安？就是因为他们不了解孩子怪诞行为背后隐藏着怎样的心理需求和情感需求，他们也未曾打开孩子的心扉，真正走入孩子的内心。

虽然很多父母都自以为生养了孩子，就一定会了解孩子，就能当好孩子的守护神。但我们必须要承认，父母与孩子之间存在代沟，哪怕父母对孩子的爱是无条件的、毫无保留的，父母也依然无法完全了解孩子。

正如龙应台在《目送》里所说的，所谓父母子女一场，不过意味着你和他的缘分就是今生今世不断地目送他的背影渐行渐远。的确，随着孩子渐渐长大，他们的心与父母的心也离得越来越远，而明智的父母懂得缩短自己与孩子之间的距离。他们会在陪伴孩子成长时，竭尽所能地理解孩子，会探究孩子怪诞行为背后的原因，就像小伙伴一样陪伴孩子，成为孩子的知心好友。唯有如此真心地陪伴，如此全心全意地理解和尊重，父母才能始终与孩子相伴而行，才不会远远地落后于孩子的步伐。

父母们在为孩子的怪诞行为而感到抓狂时，要保持清醒的头脑，意识到孩子怪诞行为的背后隐藏着很多深层次的心理原因和情感需求，这样才能从根本上解决孩子的心理问题，也能帮助孩子消除怪诞行为。

总而言之，养育孩子是一个需要耗费心力和精力的事情，每位父母都应把养育孩子作为毕生的事业全力以赴地去经营。

最后，希望通过这本书，父母们能平静地对待孩子的怪诞行为，也能了解到更多的育儿知识，从而培养出健康快乐、积极乐观的孩子。

目录

第一章
读懂婴幼儿天生的特殊语言——哭泣

哭，是宝宝在表达自己的需求 //2

哭泣，是很好的运动方式 //5

啼哭不止，警惕病理性原因 //8

尖声大哭，也许是"肠绞痛"在作怪 //10

家有夜哭郎，该怎么办 //14

认生的宝宝，一看到陌生人就哭 //17

离开妈妈伤心欲绝，都是分离焦虑惹的祸 //20

避免孩子哭泣，不要把紧张情绪传染给孩子 //22

第二章
换个角度看世界，父母才能走入孩子的内心

孩子的脸六月的天，说变就变 //26

孩子的微笑，隐藏着很多秘密 //28

渴望拥抱，是孩子需要安全的依靠 //30

孩子好几岁了，为何还是迷恋妈妈的乳房 //32

孩子的小手动不停，内心活动也丰富 //35

多动的孩子真的有多动症吗 //37

孩子为何会突然发出怪异的叫声 //40

第三章 |

了解孩子内心，父母不得不知的敏感期

见什么都要啃一啃——口的敏感期 //44

乐此不疲喜欢扔东西——空间敏感期 //46

妈妈，我从哪里来——自我意识敏感期 //49

妈妈，要排队哦——社会秩序敏感期 //51

奶奶，这是我的朋友——社会规范敏感期 //54

突然爱上了涂色——色彩敏感期 //56

你是个可恶的坏家伙——诅咒敏感期 //59

爸爸，我要和你结婚——婚姻敏感期 //61

让人抓狂的十万个为什么——求知敏感期 //64

第四章 |

成长过程中不得不经历的难堪事，助力孩子成长

不是偷窃的"偷窃行为" //70

尿床、尿裤子了，怎么办 //72

家里的墙壁变成了大花脸 //75

把所有能拆的东西都大卸八块 //77

不害羞的孩子是厚脸皮吗 //79

不爱交际的孩子是自闭症吗 //81

嫉妒，让孩子变得心胸狭隘 //85

大人说话，孩子为什么总插嘴 //88

第五章 |

家有怪诞小宝宝，生活妙趣横生趣味多

会吐泡泡的金鱼宝宝 //92

每个宝宝都有一根抹了蜜糖的手指 //94

偷窥的秘密——宝宝性意识在觉醒 //97

什么都可以用来交换的年纪 //100

宝贝，小鸡鸡可不是你的玩具啊 //102

我来接，我来接！ //105

与泰迪熊的亲密无间 //107

家里突然多了一只小巴狗 //109

第六章 |

迈出走向社会第一步——宝宝入园的头疼事

宝宝总是乱发脾气怎么办 //114

这个宝宝入园没带耳朵 //116

做事情三心二意，就像小猫钓鱼 //118

幼儿园里的小霸王 //121

我才是第一，我才是第一 //124

这个玩具是我的 //126

老师，我才是最棒的 //128

妈妈，一睡觉就会变成石头 //130

第七章 |
幼儿园里的怪诞事——你不可不知的童年秘密

幼儿园小班的孩子突然尿频 //134

妈妈，老师打我啦 //136

我不想上学，要去捡树叶 //138

一天尿湿五条裤子的尴尬 //141

孩子为何变成左撇子 //143

妈妈说得不对，老师才对 //145

第八章 |
背上小书包，从一年级入学开启不同的人生阶段

"卖友求荣"的孩子没有好朋友 //150

"爱告状"的小屁孩 //152

为何他作业本上的五角星比我多 //154

老师说，老师说…… //157

到底是真"欺负"还是假"欺负" //159

有暴力倾向的攻击者 //161

妈妈，我也要和他一样的书包 //165

你们为什么批评我 //168

第九章｜
养儿育女，父母不可不知的儿童怪诞行为秘密

你凭什么管我 //172

我又没让你养我 //175

说谎的孩子，也许只是被逼无奈 //177

哭闹，帮助孩子释放情绪 //180

脾气暴躁，到底是和谁学的呢 //183

不愿意赞美他人 //185

过度追求奖励，使学习本末倒置 //188

离家出走——父母和孩子心中共同的伤 //191

第十章｜
做和善而坚定的教养者，帮助孩子远离负面情绪

任性的孩子伤不起 //196

"我不行"不该是孩子的口头禅 //198

唯唯诺诺的孩子步履蹒跚 //201

孩子冷漠，都是冷暴力惹的祸 //205

言而无信的孩子，如何立足于世 //207

敏感多疑的孩子，人生必然沉重 //209

孩子无限拖延，到底为什么 //212

不要让孩子成为冲动的小魔鬼 //215

后　记 //219

第一章
读懂婴幼儿天生的特殊语言——哭泣

婴儿呱呱落地发出的第一声啼哭，既是在宣告自己的诞生，也是其婴儿时期最主要的语言表达。他们渴了饿了，哭；热了冷了，哭；烦躁了，哭；想让父母抱抱了，哭……

可以说，哭是婴幼儿天生的语言，也是婴儿表达喜怒哀乐和各种需求的主要方式。因此，唯有读懂婴儿的哭泣，父母才能真正了解婴儿的需求，从而更好地照顾婴儿。

哭，是宝宝在表达自己的需求

婴儿哭闹是一种本能的反应。小小的婴儿还不会说话，只能借助于哭声来表达需求。不管是外界的刺激，还是想要与父母交流，婴儿都会哭闹不止。婴儿长到几个月之后，会用笑来表达自己的高兴，但是哭依然是他们最主要的语言。就连一两岁的幼儿，如果觉得身体不舒服，又不能进行清楚的表述，也会以哭闹来表达需求。

所以，父母千万不要因为婴儿的哭闹而感到厌烦，哪怕是新手妈妈，也要按捺住心中的不耐烦，从而正确解读婴儿的哭声。有的婴儿也会借助于哭声表达自己的感情需求，诸如当他们躺在床上厌烦了，就会不停地哭泣，而当父母抱起他们，他们马上会变得非常安静，不再哭泣。

对于父母而言，婴儿恬然安静地睡觉时，就是父母休息的好时候。对于婴儿来说，睡眠的确是长身体的好时机，不过婴儿也需要运动，也要找点事情做。当父母排查婴儿是否有什么需求之后，也可以把婴儿的哭泣理解为他们的运动。"哭哭"更健康，这对于婴儿来说绝非虚言。

刚刚满月的小美又在哭了，再加上月嫂在小美满月时就已经离开了，所以新手妈妈一个人未免有些手忙脚乱。一大早，爸爸就起床去上班了，果然当了爸爸的人如同打了鸡血一样，为了孩子连对待工作都动力十足。

妈妈没有人可以抱怨，也没有人可以分担，只好自己支撑起照顾孩子的重任。可是，妈妈花费了很大的工夫才把小美哄睡着，自己才敢松一口气。没想到，妈妈才瞌睡了不过十分钟，小美又哇哇大哭起来。

此时，妈妈有些崩溃了，她甚至开始责怪自己当初为何不选择丁克呢！而且，爸爸当初都说了晚几年再要孩子，而自己却早早要了孩子。

妈妈假装没有听到小美的哭泣声，继续眯着眼睛睡觉。小美哭了一会儿，见没有人搭理自己，因而更加卖力地哭起来。她的哭声一声大一声小，妈妈突然想起月嫂的话："孩子哭，有可能是尿了或者拉臭臭了，也有可能是觉得哪里不舒服，或者是饿了。所以孩子一哭，你就要去查看情况，如果孩子一切正常，那么你可以让孩子继续哭一会儿，毕竟哭对孩子而言也是一种运动的方式。如果有异常，就要立刻处理，不然孩子也不会说话，还能怎么办呢？"

想到这里，妈妈从床上爬了起来，检查了小美的情况。果然，她摸到小美的尿不湿热乎乎的，原来这个小家伙刚刚睡着时尿了。突然，妈妈闻到了一股臭臭的味道。打开尿不湿一看，原来小美睡觉之前吃得太多，不但尿了，还拉臭臭了。

于是，妈妈赶紧给她换了干净的尿不湿，小美马上又呼呼大睡起来。看着孩子恬然酣睡的脸庞，妈妈感到源自心底的幸福：从此之后，我要呵护这个小生命健康地成长！

对于婴儿的哭泣，父母一定要用心观察，用心对待。由于婴儿的需求也是多种多样的，所以哪怕是相同的哭声也往往会表达出不同的需求，而父母必须有的放矢，才能更有针对性地照顾婴儿，满足婴儿多样化的合理需求。一旦需求得到满足，婴儿马上就会停止哭泣，以此来告诉父母他们的状态。

细心的父母还会发现，婴儿的哭泣在不同的生长阶段有着不同的含义。诸如婴儿在出生之后、满月之前的时间里，大多数是因为感到饥饿，所以才会哭泣。这个时候，他们会一边哭一边寻找母亲的乳头，伴随着哭泣，婴儿的嘴唇还会不停地蠕动，做出吞咽的动作。只要妈妈第一时间给婴儿喂奶，婴儿在妈妈的乳头触碰到自己嘴唇的第一时间，就不再哭泣，而是开始急速地吮吸。这个时期，婴儿的哭泣是本能，吮吸母亲的乳头也是本能。只要认真观察，妈妈会发现婴儿因为饥饿的哭泣和其他的哭泣不同，饥饿的哭泣声调比较低，而且不停地重复相同的模式，先是短暂的哭泣，然后停顿一下，再哭泣，就像在用语言有意识地表达"好饿啊！好饿啊！"的意思。当妈妈抱起婴儿时，不要一声不吭，虽然婴儿还不会说话，但是他们是有意识的，所以妈妈要念念有词地告诉婴儿："宝贝饿了呀，我们来吃饭吧！"在婴儿吃母乳的过程中，妈妈还可以抚摸着婴儿的身体或者脸颊，与婴儿进行眼神的交流，表扬婴儿吃得很好。这样一来，婴儿必然心情愉悦，渐渐地也会感受到母亲的爱意。

当然，如果宝宝不吃母乳，吃奶粉，父母在给婴儿喂奶的时候也可以这么做。如今的教养方式提倡按需喂奶，而不是按照几个小时喂养一次。母乳中水分含量大，婴儿吃完之后两三个小时就会感到饥饿。如果有的婴儿吃奶不认真，或者母亲的乳汁分泌不足，那么婴儿也有可能在吃奶之后一两个小时就饿了。当婴儿饿了，妈妈就给婴儿吃奶，要避免婴儿因为饥饿不停地哭泣。如果是喂养奶粉的宝宝，因为奶粉比较浓稠，所以可以按时喂养。需要注意的是，婴儿哭泣的时候，最好不要给婴儿吃奶，否则婴儿容易呛奶，也会因为吃入了空气，导致肠胃疼痛。在喂奶之后，妈妈可以把婴儿抱起来竖着拍拍嗝，从而避免婴儿吐奶。

当然，除了饥饿之外，还有很多需求会引起婴儿哭泣。随着渐渐长大，婴儿从基本的吃喝拉撒，需求不断增加，哭泣的次数也会渐渐增加。不同需求的情况下，婴儿的哭声也表现出微妙的区别，诸如婴儿因为感到疼痛而哭泣，必然突然惊声尖叫，哭声紧促，这个时候父母就要警惕。总而言之，父母一定不要忽视婴儿的哭泣，而要用心认真观察婴儿，这样才能第一时间了解婴儿的需求，满足婴儿的需求。

哭泣，是很好的运动方式

众所周知，新生儿在一岁之前基本不会说话，在一岁到两岁之间，也只会说简单的几个字。这就决定了婴儿在表达自身需求的时候，只能运用特殊的语言表达方式——用哭来诉说自己的需求和各种情绪。遗憾的是，很多新手父母常常因为婴儿的哭泣感到心烦，而丝毫没有意识到婴儿的哭泣背后隐藏着不同的需求。

当婴儿哭个不停时，他们会抱着婴儿四处走来走去，唱歌给婴儿听，或者索性因为不耐烦批评婴儿。当这些方法都不起作用之后，他们便黔驴技穷，暗自懊悔为何要生孩子，给自己找麻烦。有的新手父母因为应付不了婴儿的哭泣，还匆忙把婴儿带去医院让医生检查和诊治，但其实，婴儿根本就没有生病！

前文说过，婴儿的哭声表达了自身丰富多样的需求，那么如果父母经过检查，发现婴儿既不饿也不渴，既没尿也没拉臭臭，而且就算把婴儿抱起来，婴儿也依然继续哭泣呢？这种情况下，就要观察婴儿的体征，测量婴儿的体温，如果确定婴儿也没有身体不舒服，那么基本可以确定婴儿是在进行哭泣运动。新手父母必须知道的是，婴儿就算在很高兴的状态下，也有可能哭泣。原来，他是用哭泣来证明自己的身体很棒。

在医学上，把婴儿这种毫无缘由的啼哭，称为生理性啼哭。其实，婴儿只是在用啼哭来帮助自己运动，锻炼身体强壮而已。大多数婴儿在哭泣的时候都会紧紧地闭上眼睛、张大嘴巴，然后两只胳膊不停地扑腾，两条小腿也蹬来踢去，就像一只小乌龟四脚朝天，恨不得要马上把自己翻过来一样急迫和紧张。这当然会耗费婴儿很多的体力，不但能够帮助婴儿增大肺活量，而且也能促进婴儿的血液循环，让婴儿身体更健康。此外，婴儿正处于神经系统迅速发育的阶段，适当的运动也有利于他们形成条件发射，还能促进婴儿的食欲呢！正如人们常说的，生命在于运动，婴儿也需要保持运动的状态，才能身体倍棒，吃嘛嘛香。

小芒果已经满百天了，曾经整日躺着吃手指的他，现在变得特别爱哭。妈妈很纳闷，因为小芒果似乎很喜欢哭。有的时候，妈妈听到小芒果的哭声不急不躁，就像唱歌一样呢！在进行四个月的体检时，妈妈把小芒果一反常态的哭泣告诉了医生，医生笑着说："如果他没有任何异常的表现，吃喝拉撒睡都很正常，你何不把哭泣当成是他正在进行健身运动呢？"

妈妈仔细想了想，说："好像的确一切都很正常，除了时不时哭泣之外。哭声也不急，如泣如诉，就像在唱歌，也像是在说话。"

医生说："哭是孩子的语言，也是孩子的健身方式。等到再过一段时间，他会翻身了，会坐了，会爬了，自然就没有时间哭着玩了！"

新生儿降生时，妇产科医生总是会认真聆听孩子的哭声，当有个别的新生儿不哭时，医生还会拍拍新生儿的屁股，让他们哭起来。只有听到新生儿嘹亮的哭声，医生绷紧的神经才会放松下来，因为他们知道越是哭声嘹亮的孩子，越是健康。当新妈妈听到新生儿的哭声，甚至会喜不自禁地掉眼泪，这一切都告诉她们，新生儿有多么强壮和健康。当然，在婴儿时期，婴儿也会用哭声来表达自己的各种需求，甚至以哭声宣告自己的存在，以此博得父母和其他亲人的注意。对于婴儿而言，哭泣也是一种很好的运动方式，能够增强他们的肺活量，让他们茁壮成长。

当然，也因为婴儿不会说话，所以婴儿哭声代表的含义就更多，父母更是要重视婴儿的哭声，不要忽略婴儿的需求或者身体的异常状态。那么，到底怎样才能确定婴儿只是在以哭泣做运动呢？

如果婴儿的哭声很嘹亮，而且富有节奏感，不会出现紧迫的情况，且哭声持续的时间比较短，那么基本可以判断婴儿是生理性啼哭；有的婴儿在哭泣的时候没有眼泪，不管是吃饭还是睡觉都表现正常，而且也时常玩耍，这样也可以判断婴儿是生理性啼哭。

总而言之，父母要多多观察婴儿，全方位对婴儿展开监控，这样才能对婴儿的哭泣做出准确的判断。

如今，很多育儿专家不建议父母只要发现婴儿哭泣，就把婴儿马上抱起来。长此以往，婴儿就会养成不愿意躺在床上的坏习惯，而只想让父母抱着。所以在确定婴儿是生理性哭泣之后，父母可以远远地观察婴儿，让婴儿哭一段时间，也可以监护婴儿，避免出现其他的情况。当然，凡事过犹不及，哭泣对于婴儿来说也要适度。虽然生理性啼哭是婴儿在做运动，但是婴儿如果哭的时间太长，对身体也是不利的。这个时候，父母可以走上前去，轻轻地抚摸婴儿，看着婴儿的眼睛，然后用婴儿喜欢的方式逗弄他，这样就能帮助婴儿停止哭泣，让其变得心情愉悦起来。

不得不强调的是，婴儿还很小，身体各方面都比较脆弱，必须确定婴儿是生理性啼哭时，父母才能远远地监护婴儿，从而让婴儿进行有益身心的运动。如果不能确定婴儿是生理性啼哭，父母就要及时检查婴儿的情况，有的放矢地满足婴儿的需求，从而安抚婴儿的情绪。

啼哭不止，警惕病理性原因

婴儿哭泣的原因很多，除了因为需求得不到满足或者生理性啼哭之外，还有一种哭泣是父母必须要警惕的，那就是病理性原因引起婴儿哭泣，也就是病理性啼哭。婴儿不会说话，他们无法告诉父母嗓子疼、身体发热无力、肠胃绞痛等不适，就只能用哭泣来诉说自己很不舒服。由于婴儿正处于身体快速发育和成长的时期，这也决定了婴儿的病情发展迅速，所以父母必须及时发现婴儿的病理性原因，并带着婴儿第一时间就诊。也许有些新手父母会感到非常困惑，因为他们根本不知道如何判断婴儿为何哭泣。其实，只要细心一点儿，就会发现婴儿的生理性啼哭与病理性啼哭截然不同。

导致婴儿病理性啼哭的原因大概可以分为三种，父母要对这几种病因多加了解，才能在综合分析婴儿啼哭声的情况下，有初步的判断。

一是很多婴儿因为钙的摄入量不足，会出现夜间啼哭的情况。缺钙的婴儿夜晚的睡眠很不安宁，而且有受惊的表现，他们时常在睡梦的状态下哭，而且肢体会情不自禁地抖动。每当婴儿出现这样的情况，妈妈就要给宝宝补钙。如今讲究营养均衡，大多数妈妈在给宝宝补钙的同时，也要给宝宝补充鱼肝油。需要注意的是，鱼肝油中的维生素 A 不能过量摄入，否则会导致宝宝中毒，也会出现夜晚烦躁和盗汗的症状。

二是如果婴儿原本玩得好好的，突然脸色苍白，而且爆发出阵发性的剧烈苦恼，双腿还会情不自禁地曲伸，则意味着婴儿有可能肚子疼。婴儿的肠胃发育不完善，很容易发生腹痛的情况，这属于生理性疼痛，父母要注意多多观察，避免肠梗阻或者肠套叠等引起严重后果。

三是婴儿哭泣的时候不停地流口水，甚至不哭的时候也反常地流口水，这就提醒父母要检查婴儿的口腔，看看里面是否有疱疹。有的婴儿一旦因为口腔出现问题，还会因为疼痛排斥吃饭。此时，父母应该赶紧带婴儿去口腔科就诊。尤其是如今的流行病手足口、咽颊炎等病情频繁地出现，父母更应该对出现异常的婴儿密切观察。

小小鱼六个月了，从未生过病，每天都高高兴兴的，很少哭泣。有一天，小小鱼早晨醒来哭声特别沙哑，也不爱吃饭了。妈妈和奶奶都觉得应该是暖气干燥导致的，因而给小小鱼喂了很多水，希望帮小小鱼润润嗓子。然而，直到中午，小小鱼还是时不时地哭泣，而且哭得更严重了，脸色还有些发青。妈妈突然想起来，小小鱼也许是病理性哭泣，又看到小小鱼呼吸不是很顺畅，因而立马带着小小鱼去了儿童医院。

在去医院的路上，小小鱼的声音越来越嘶哑，甚至哭泣的时候出现了憋气的状态。妈妈紧张不已，到了医院马上挂了急诊，说孩子呼吸窘迫。医生经过检查，确诊小小鱼得了急性喉炎，而急性喉炎的症状看起来跟感冒差不多，实际上特别凶险，如果呼吸窘迫严重，还有可能会危及孩子的生命。幸好妈妈足够警惕，把小小鱼及时送到医院就诊，否则后果不堪设想。

每当深秋时节，对于一岁以下的孩子而言，患喉炎的概率非常高。婴幼儿急性喉炎，又叫锁喉风，很容易导致婴幼儿缺氧或者窒息。那么，如何判断婴幼儿是否患了喉炎呢？

当孩子出现嗓音严重嘶哑且呼吸困难的症状时，父母无论是否能确定婴儿患了喉炎，都必须带着婴儿及时就医。此外，由夏入秋的时候天气骤冷，婴儿抵抗力差，很容易受寒感冒。这个时候，父母就要更加注意给婴儿保暖，避免婴儿生病。

总而言之，婴儿病理性哭泣的原因还有很多。诸如：有些婴儿有过敏性哮喘，会突然喘不上气来，呼吸困难，越是哭泣，这种情况越严重，脸色也会变得青紫；有的婴儿突然抓耳挠腮，也许就是因为耳朵里有了炎症；有的婴儿突然剧烈哭泣，尤其是男宝宝的父母，一定要检查婴儿的生殖器，看看是否患了疝气，如果怀疑有疝气，就要带着婴儿尽快就医，以排除疝嵌顿。有时，因为病情严重，婴儿的哭泣变得软弱无力，只能低声哼哼，这种情况意味着婴儿病情严重，比婴儿大声哭泣更紧急，父母必须马上带着婴儿就医。还有些婴儿的哭泣是在特定的时候，诸如撒尿的时候或者排便的时候，父母就要考虑婴儿是否尿道口或者肛门有疾病。如果婴儿是男性，还要观察包皮是否过长。

总而言之，婴儿哭泣的原因很多，病情也多变，父母一定要认真观察婴儿，细心呵护婴儿，才能为婴儿的健康成长保驾护航。

尖声大哭，也许是"肠绞痛"在作怪

新生儿的肠胃发育还不够完善，很容易因为胀气或者是肠壁平滑肌的收缩，感受到疼痛。很多婴幼儿突发急性腹痛，都是因为肠绞痛引起的。所以从严格意义上来说，肠绞痛更像是身体的一种症候群反应，并非因为某种特定的病理原因引起，而在婴儿成长过程中表现频繁发生的特点。尤其是三个月以内的婴儿，更容易发生肠绞痛。所以对于三个月之内的婴儿突然哭泣，父母要知道和了解肠绞痛的原因，从而避免盲目慌张。

那么，肠绞痛有哪些特点呢？大多数婴儿发生肠绞痛，都是在某个特定的时间，例如，傍晚时分，或者是晚上入睡前等。也有的婴儿因为肠绞痛没有缓解，导致整夜哭闹不止，这属于个别情况，也有可能发生。肠绞痛无需接受特殊的治疗，随着婴儿的神经生理渐渐发育完善，肠绞痛发生的次数会越来越少，直至不再发生。

杰米生下来就有八斤多重，是个大块头，又因为妈妈奶水好，他也能吃，所以才过了百天，他的体重就已经18斤了。看着强壮的杰米，妈妈感到由衷地骄傲和自豪。杰米情绪很好，很少像其他孩子一样经常哭泣，而是吃饱了睡，睡饱了吃，总是乐滋滋的。然而，有一天，妈妈和往常一样给杰米换了干净的尿不湿后，开始给他喂奶。以往，杰米只要开始吃奶，就特别高兴，吃个肚饱溜圆，但是今天他却不配合，才吃了几口奶就丢掉乳头哭起来。妈妈拿出玩具哄杰米，他暂时被玩具吸引了注意力，不哭了，但是几分钟之后，就把目光从玩具上移开，又开始哭。

妈妈很心疼杰米，不知道他为何不愿意吃奶了，只好将其抱起来轻轻地摇晃，但杰米，反而哭得更厉害了。只见他小脸通红，一边哭泣，还时不时地尖叫。妈妈发现杰米攥着两个小拳头，就像大人在忍受痛苦一样，因而只得带着他去医院接受检查。

出乎妈妈的意料，在去医院的路上，杰米就恢复了正常，而且又开始愉快地吃奶了，不哭也不闹。但是想到杰米刚才痛苦的样子，妈妈还是带着他来到医院。医生检查之后，告诉妈妈，杰米是个强壮的小伙子，没有任何异常。

妈妈困惑极了："但是刚才，他真的就像大人承受痛苦那样，还把拳头都握起来了呢！"听完妈妈的描述，医生说："应该是肠绞痛，新生儿肠胃发育不完善，很容易发生这种情况。下次再遇到这种情况时，你可以先观察一下孩子，再决定是否来医院。"

作为父母，应该了解婴儿肠绞痛时哭泣的典型表现，引起肠绞痛的原因，以及如何帮助婴儿缓解疼痛，这样才能有效帮助婴儿。

首先，婴儿发生肠绞痛时会受到惊吓，所以哭起来有些歇斯底里，而且他们会因为无法忍受的疼痛，满脸通红，也会攥紧拳头，以此与痛苦对抗。有的婴儿为了缓解疼痛，还会本能地蜷缩起双腿。同时，他们的四肢也会因为紧张变得冷冰冰的。

这种情况下，父母哪怕安抚婴儿，婴儿的注意力也只会转移一两分钟，马上又会因为疼痛哭泣不止。这种哭泣的过程具有间歇性，甚至会反复持续几个小时，直到宝宝不再疼痛或者哭到筋疲力尽为止。这种感觉就像成人因为肚子里灌入凉风，导致肠胃里冷空气蹿来蹿去。细心的父母会发现，有的婴儿放屁或者拉臭臭之后，就能平静下来，因为他们的肚子不疼了。不过，欠缺经验的父母也不要一看到孩子哭就怀疑是肠绞痛。前文说过，孩子哭泣的原因是多种多样的，父母一定要认真观察，以免耽误孩子的病情。

其次，婴儿为何会肠绞痛呢？这一定是很多父母都想知道的。实际上，导致婴儿肠绞痛的原因很多。例如：对牛奶过敏会导致婴儿肠绞痛；吃奶过急、过饱，会导致婴儿肠绞痛；婴儿特别兴奋的情况下，也会引发肠绞痛，这就跟成人因为紧张导致胃疼是一样的道理。当然，对于大多数婴儿来说，肠绞痛主要是因为他们吃奶时过于急促，吞咽很多空气进入肚子里导致的。当气泡在婴儿的肠道里移动时，婴儿娇嫩的肠道自然会感到疼痛。这些原因都很常见，要想有效避免婴儿肠绞痛，父母在带养孩子的过程中，就要考虑这几方面的因素，从而有效避免这些情况的发生。

最后，既然肠绞痛不是病，而是一种症候群，那么医生对婴儿的肠绞痛也会束手无策。此时，父母只能想方设法为婴儿缓解疼痛。例如每次喂完奶之后，可以把婴儿立着抱起来，然后用手轻轻地拍打婴儿的背，这样坚持十分钟左右，婴儿就会打嗝，排出肚子里的空气，肠绞痛自然也就不会再发生了。当婴儿发生了肠绞痛时，父母还可以轻柔地按摩婴儿的小肚子，或者用温热的热水袋对婴儿的小肚子进行热敷，以此来帮助宝宝缓解腹痛。重要的是，婴儿最依赖和信任的人就是父母，哪怕婴儿一直哭闹不止，父母也要保持镇定，而不要擅自紧张起来，更不要把焦虑不安的情绪传染给婴儿。

要想缓解婴儿的肠绞痛，还有一种饮食疗法可以采用。如果婴儿对于牛奶过敏，那么父母要立刻为婴儿更换脱敏奶粉，这样就能从根源上预防婴儿肠绞痛的发生。当然，最好是给婴儿吃母乳，这样就不会存在对牛奶过敏的问题。

需要注意的是，对于过敏体质的婴儿，母亲也不要吃容易引起婴儿过敏的食物。诸如有的妈妈喜欢吃巧克力，但是婴儿对巧克力过敏，那么当妈妈吃了巧克力后，婴儿又吃了妈妈的乳汁，就会肠绞痛。所以，对于食物过敏引起的肠绞痛，要从妈妈这头"奶牛"的根源处把好关，从而有效避免婴儿发生肠绞痛的情况。

家有夜哭郎，该怎么办

当婴儿整夜地啼哭时，相信很多妈妈都会感到非常抓狂，甚至崩溃。为何婴儿白天睡得又香又甜，到了晚上，就变得那么烦躁不安呢？难道孩子真的是夜哭郎，需要去求神拜佛吗？

对很多新手妈妈而言，她们刚刚生完孩子身体虚弱，体内激素水平也发生了很大的变化，对待哭泣的孩子，她们总是因为困倦疲惫感到无力应付，甚至自己的情绪也会因为孩子的哭泣而变得烦躁不已。有些新手父母，甚至恨不得立刻带婴儿去医院看医生，认为这比在家里抱着无端哭泣、不停哭泣的孩子好。

其实，有很多婴儿都出现过白天入睡正常、夜晚哭闹不止的现象，这也就是人们常说的小儿夜啼。毫无疑问，婴儿因为哭泣整夜不睡觉，不但搅扰了全家人的睡眠，也使自己在夜晚得不到充分的休息。长此以往，不仅婴儿的生长发育受到影响，其各方面的能力也会发展滞后。尤其是黑白颠倒的时间久了，婴儿就无法正常分泌生长激素，导致各个方面的生长发育都处于缓慢滞后的状态。所以，作为父母，千万不要忽略小儿夜啼这个问题。很多经验丰富的老人都知道，婴儿不但需要吃得好，更要睡得好，才能保证身心健康。

当然，凡事有因才有果，小儿夜啼看似是婴儿生长过程中的正常现象，实际上也是由各种各样的原因引起的。在排除婴儿有需求要满足以及病理性原因之外，父母就要关注以下内容才能有针对性地帮助婴儿消除不利于睡眠的因素。

诸如，有的孩子白天睡得太多太饱，导致他们晚上根本不想睡觉，所以在觉得无聊的时候，他们就会以哭泣来表达自己的需求"无聊啊，怎么没人陪我玩啊！"。有的新手父母对养育婴儿没有经验，总是在睡觉之前和婴儿玩耍，导致婴儿过于兴奋，这会使婴儿心神不宁，无法入睡，婴儿哭闹不止；有些新手妈妈担心屋子里太黑了，不方便随时照顾婴儿，所以就选择开着灯睡觉。殊不知，婴儿再小，也是有生物钟的。亮着灯睡觉，使婴儿分不清是夜晚还是白昼。被搅乱了生物钟，婴儿自然无法顺利入睡。此外，诸如换了个新环境，或者身体不舒服等原因，都会导致婴儿夜啼。

最近，刚刚过完周岁生日的晨晨突然开始夜哭，几乎每天夜里十二点的时候，她都会按时醒来，然后哭一个小时左右才慢慢入睡。刚开始几天，妈妈以为晨晨是白天受到了惊吓，因而还特意买了桃木棍放在晨晨的床头。但是几天过去，晨晨的夜哭丝毫没有好转，而到了白天，她又因为困倦，午觉要睡四五个小时。在晨晨的搅和下，爸爸妈妈晚上都睡不好觉。为此，要上班的小宋，每天都困得睁不开眼睛。

有一次，单位领导看到小宋困得坐在工位上打盹，不由得问："小宋，我看你最近似乎很疲劳，是晚上失眠吗？"

小宋无奈地说："我还失眠呢，我现在站着都能睡着。都是被我闺女闹的，每天半夜十二点哭个把小时，我媳妇也是困得要死，不过她等到孩子睡午觉，也能补补觉，我就惨了……"小宋的一通诉苦，让家里有两个孩子的领导深有感触："这种情况呀，错就错在你媳妇。"

他很惊讶地看着领导，媳妇天天辛苦带孩子，哪里错了？领导似乎看穿了他的心思，说："孩子第一次夜里哭，也许是哪个地方不舒服，但是你媳妇白天搂着孩子睡四五个小时，正是导致孩子夜里继续哭的直接原因。试想，你要是白天睡上五六个小时，你夜里还想睡吗？孩子醒了睡不着，看着四周黑洞洞的，可不就是要哭闹不止，把你们都喊醒陪伴她吗！你就信我的，让你媳妇每天就让孩子睡两个小时，孩子夜里肯定睡得香！"

小宋对领导的话半信半疑，但是病急乱投医，如果晨晨再这么闹下去，只怕他们两口子都要累倒了。为此，他回家把领导的意见告诉了媳妇，媳妇也觉得可以试一试。

第二天，妈妈在午睡前定了闹铃，闹铃一响，她就马上把晨晨弄醒，和晨晨去小区公园里玩耍，或者晒晒太阳。果然，当天晚上晨晨又困又累，睡得特别香。直到第二天清晨，爸爸的手机闹铃响了，晨晨都没被吵醒。

由此可见，孩子不会无缘无故地哭泣，白天睡得多，晚上自然睡不香，因为无聊，也就只好哭哭做运动了。事例中的爸爸妈妈都是新手，对于孩子夜哭的表现手足无措，幸好爸爸得到领导的点拨，才彻底消除了孩子夜哭不止的难题。

对于小儿夜啼，父母不要焦躁，否则当父母不能保持镇定的时候，孩子也会因为受到父母情绪的影响，变得更加紧张不安。为了帮助婴儿避免夜哭，父母在喂养孩子的时候就要注意，入睡前不要把宝宝喂得太饱。有的父母为了让宝宝一觉睡到天亮，不至于因为饥饿而半夜醒来，会特意把奶粉冲得浓一些，或者让孩子多吃一些。殊不知，胃不和则卧难安，婴儿的胃部容量原本就小，肠胃消化功能也很弱，如果再吃得过饱，会很难进入深度睡眠。要想让婴儿安然入睡，父母首先要为婴儿营造良好的睡眠环境，既不要过热，也不要过冷，唯有温度适宜，婴儿才能酣然入睡。除了不能吃太饱之外，在入睡之前，父母也要避免婴儿玩得太高兴，应尽量引导婴儿从事舒缓的活动。

众所周知，人在吃饱的状态下什么也不想吃。对于婴儿而言，睡觉也是如此。如果婴儿白天睡的时间太长，那么晚上便很难入睡，也会变得紧张不安。

也许有的父母会问："孩子白天一睡午觉，就要睡四五个小时，也没法叫醒他呀！"当觉得婴儿白天睡得时间太久，父母就应该叫醒婴儿，陪伴婴儿一起玩耍，这样才能帮助孩子恢复正常的作息规律，也才能让婴儿更快乐健康地成长。

总而言之，睡眠对于孩子的成长非常重要，人一生之中三分之一的时间都是在睡眠中度过的。如果婴儿长期睡不好，黑白天颠倒，一定会给婴儿的身体带来不可挽回的伤害。父母一定要端正心态，帮助婴儿养成良好的作息习惯。

认生的宝宝，一看到陌生人就哭

婴儿长到六个月之后，开始渐渐地学会认识身边的人，尤其是爸爸妈妈、爷爷奶奶等与他亲密接触的人。在此之前，对于婴儿而言，完全没有陌生或者熟悉的概念，既不知道谁与他最亲，也不知道谁与他最陌生。也就是说，大多数情况下，六个月之内的婴儿总是坦然接受他人的照顾，根本不管照顾他的人是谁。这一切，都从婴儿六个月以后发生改变，其能渐渐地认识身边的人，也知道自己在产生需求的时候应该向谁寻求帮助。

从心理学的角度而言，认生并非婴儿封闭了自己的世界，而是他们建立了自己世界的边界线。比如，有的婴儿在看不到妈妈的时候，会感到非常焦虑。随着视力的发展，婴儿也熟悉了妈妈的长相和容貌，当其看到不熟悉的陌生人靠近时，未免会感到紧张不安，用哭声来表达他的不满。每当陌生人靠近时，婴儿的哭声恰恰意味着婴儿对陌生人的抵触和抗拒。很多父母都觉得婴儿一旦认生，就不讨人喜欢了。实际上，对于成长而言，婴儿出现认生的情况完全是好事情。认生的婴儿警惕心理更强，因为认生而哭泣恰恰是他们保护自己的有效手段。不过，认生只会持续半年左右的时间，到婴儿过了周岁之后，婴儿认生的情况就会渐渐好转。而随着对外界的认知更深刻，他们就会知道爸爸妈妈有时虽然暂时离开了，但是很快就会回来的。

六个月之内，朋朋是小区公园里的开心果，每当奶奶带着朋朋去公园里晒太阳，这个乐呵呵的大胖小子都能马上吸引所有人的注意力，大家总是争先恐后地抱朋朋，逗朋朋玩。然而，六个月之后，有一天奶奶带着朋朋去公园，一个平日里和奶奶总坐在一起聊天的邻居奶奶又来抱朋朋，朋朋却一撇嘴突然嗷嗷大哭起来。邻居奶奶不知道怎么回事，吓得赶紧把朋朋塞回奶奶的怀抱里。

邻居奶奶笑着说："这小家伙，好几天下雨没出门，就不认识我们了。"奶奶也说是因为这几天没来公园，所以朋朋才这样。

然而，玩了一个上午之后，邻居奶奶觉得跟朋朋熟悉了，又要抱朋朋。朋朋却躲闪着，不愿意像以前那样冲着邻居奶奶伸出双手。这时，旁边的爷爷说："这个小家伙，开始认生了。"果然，每当有外人来抱朋朋时，朋朋始终在躲闪，再也不愿意投入外人的怀抱了。

对于婴儿的认生阶段，父母一定要加以重视。有些父母会任由亲戚朋友或者邻居抱婴儿，导致婴儿紧张得哇哇大哭，这其实会伤害婴儿的安全感。也有的父母恰恰与此相反，就因为婴儿认生，就从不与婴儿陌生的人接近，以免引起婴儿的紧张焦虑，这实际上也是错误的做法。理智的父母应该知道，婴儿需要外界的刺激，也需要与其他人接触，因而他们会有意识地让婴儿看到更多的人。但是为了保护婴儿的安全感，他们也不会随意让婴儿被"陌生人"抱。

婴儿的成长是一个漫长的过程，父母对于婴儿的认生心理一定要循序渐进，给予婴儿耐心的引导。

此外，父母要端正态度，全盘接受婴儿的认生，而不要对婴儿认生心生抵触，觉得婴儿完全没理由认生。为了缓解婴儿的认生心理，父母要多多带着婴儿四处走走看看，当经常看到陌生人，也意识到陌生人对自己没有恶意之后，婴儿也就不会再那么认生了。

需要注意的是，循序渐进引导婴儿接受陌生人时，父母一定要提醒陌生人先逗弄婴儿一会儿，等到与婴儿熟悉了，再与婴儿更进一步接触。作为"陌生人"，要想拉近自己与婴儿之间的关系，还可以借助于各种美味的食物和好玩的玩具，这样婴儿就不会那么强烈抵触了。

凡事都讲究一个过程，引导婴儿接受陌生人也是如此。很多父母误以为婴儿还小，便不尊重婴儿的意愿。其实，婴儿也是一个完全独立的生命个体，值得每一个成人尊重和平等对待，父母不要觉得婴儿认生是小事情，而要全心全意引导婴儿接受陌生人，与陌生人相处。渐渐地，婴儿就会成长为落落大方、热情好客的小朋友。

离开妈妈伤心欲绝,都是分离焦虑惹的祸

　　婴儿出现分离焦虑完全是正常现象,虽然随着月龄的增长,婴儿会渐渐意识到自己是独立的个体,但是他们从意识层面上依然觉得自己与妈妈是一体的,是不可分开的。通常情况下,婴儿的分离焦虑会延续到三岁之前。在此期间,婴儿总是会黏着爸爸或者妈妈,不愿意与爸爸妈妈分开。很多婴儿还表现出"挑剔"的特点,例如在奶奶怀抱里正玩得高兴呢,一看到妈妈出现,就马上往妈妈怀里挣扎。等到妈妈要去上班,准备把婴儿交还给奶奶照顾时,婴儿就会撕心裂肺地哭泣。这意味着婴儿的自我意识在发展,与此同时他们对于妈妈的依恋也越来越深。

　　虽然分离焦虑对于婴儿而言是正常现象,但是当婴儿总是情绪波动、起伏不定时,婴儿就会经常紧张焦虑,甚至影响身心健康。在这种情况下,妈妈一定要为婴儿做好心理准备,诸如告诉稍微大一些的婴儿:"妈妈要去上班了,等到晚上回家再和宝贝一起玩"。而在真正去上班之前,妈妈还可以提前与负责照顾孩子的老人搞好配合,例如短暂离开一会儿,在约定的时间里回到婴儿面前。如此反复,婴儿就会意识到妈妈离开之后还会回来的,随后就不再那么焦虑了。

　　因为是晚婚晚育,作为老师的刘丹寒假生孩子,休完产假后,又请了一个月的假,连着休了一个暑假,直到孩子小豆八个多月才去上班。和孩子朝夕相处的八个多月,使刘丹越来越不愿意去上班,只想在家陪伴小豆,感受他成长的每一个瞬间。然而,学校里好几位女老师都相继生孩

子，导致人手非常紧张。为此，刘丹只能依依不舍地去上班了。

刘丹上班第一天，还没到中午，婆婆就打电话告诉刘丹："小豆从你走了就在哭，不是哇哇大哭，就是哼哼唧唧地哭，看起来一点儿都不高兴。"

刘丹很纳闷：按道理来说，儿子小豆才八个多月，不会想妈妈吧！下午五点刚刚下班，刘丹就迫不及待地往家里赶去。才走到楼下，刘丹就听到小豆撕心裂肺的哭声。刘丹飞一般地上了楼，当看到奶奶正满头大汗抱着小豆在屋子里走来走去时，刘丹连鞋子都来不及换，赶紧接过小豆。没想到，小豆一进入妈妈的怀抱，马上就不哭了。

奶奶说："小豆认人了，一天眼睛都在滴溜溜地转，四处找，肯定是在找你呢！"

虽然小豆才八个多月，但是已经认识妈妈了，而且也不愿意离开妈妈。在经过与妈妈八个多月的朝夕相伴和亲密相处后，小豆一旦看不到妈妈，就会觉得内心焦虑紧张，既思念妈妈，也觉得不在妈妈身边缺乏安全感。婴儿对于父母的依恋很深，导致一离开父母，就会觉得内心焦虑，因而不愿意与妈妈分开片刻。

其实，不仅一岁前后的宝宝面临分离焦虑，哪怕长到三岁以后去幼儿园，宝宝依然要面临与妈妈分离的焦虑。大多数孩子都抵触去幼儿园，就是生怕妈妈把自己放在幼儿园里不要了，这样就再也不能见到妈妈了。当然，三岁之后的孩子已经具备理解能力，所以妈妈更要坚定地告诉宝宝："宝宝去幼儿园，妈妈下班之后就接宝宝回家吃饭睡觉，和爸爸妈妈在一起，好不好？"哪怕孩子哭闹不止，妈妈也要这么说，从而对宝宝起到潜移默化的影响，让宝宝认识到"去幼儿园上学是暂时与爸爸妈妈分开，很快就会回家和爸爸妈妈团聚"的事实。

细心的爸爸妈妈会发现，有的宝宝在与妈妈分开后，总是不停地哭泣，直到再次回到妈妈身边才能停止。而且，这样的宝宝都表现出黏着妈妈的行为，甚至不愿意与小朋友们玩，只愿意和妈妈玩。

相比之下，有些宝宝则相对独立，他们在妈妈离开后只会短暂哭泣，而后也就与其他小朋友玩到一起了。通常情况下，相对独立的宝宝是因为具有安全感，不会总是怀疑和质疑外在的世界。从构建安全感的角度来说，爸爸妈妈要经常与宝宝亲密接触，诸如陪伴宝宝睡觉，和宝宝一起玩耍，经常给予宝宝正面的肯定和赞扬。

渐渐地，宝宝就会形成积极乐观的品质，也会更加信任身边的人。哪怕离开爸爸妈妈身边，他们也能把自己照顾得很好，或是配合幼儿园的老师进行学习和生活活动。

避免孩子哭泣，不要把紧张情绪传染给孩子

在孩子密集的地方，每天都会上演无数次父母因为孩子摔倒而大惊小怪的情形，其实孩子远远没有那么脆弱，只要父母足够坚强，孩子的心也会变得坚强起来。很多孩子跌倒的时候原本不会哭泣，而是在父母大惊小怪、过度重视之后，才变得脆弱起来，哭泣不止。

如今的孩子都是在蜜罐里长大的，缺少的不是享受，而是吃苦。大多数心理学家都认为，学会走路对于孩子意味着质的飞越，是走向人生的一大步。从学会走路开始，他们的活动范围越来越大，他们也开始不断地探索世界，成为小小的独立探险家。然而因为孩子走路方面的技能还不够熟练，所以难免会经常摔倒。这种情况下，明智的父母会鼓励孩子，而不会

以大惊小怪来打击孩子的积极性，使孩子感到紧张。

一岁三个月的帅帅正在蹒跚学步，不过他还比较胆小，只能扶着家具慢慢地走，或者会降低重心如同扎马步一样一步一步地往前挪。看到同小区的盈盈一岁的时候就能熟练走路，妈妈未免有些心急，总说帅帅走路太晚了。盈盈奶奶告诉妈妈，男孩很多事情都会比女孩晚一些，妈妈这才稍微放下心来。

这一天，帅帅正在扶着小区里花坛的边沿走路，突然被脚底下的小石头绊倒了，大哭起来。妈妈马上跑过去扶起帅帅，满脸心疼，还问帅帅："宝贝，摔到哪里了？摔疼了吗？不要哭啊，宝贝勇敢！"看到妈妈来到身边，帅帅哭得更厉害了，哭得上气不接下气。妈妈检查之后发现帅帅也没摔到哪里，不由得纳闷："没摔到啊，怎么会哭得更厉害了，不会骨折了吧？"

盈盈奶奶看到妈妈的样子，情不自禁地笑了，说："帅帅妈妈，你这么紧张吓到他了，不信你试试，帅帅得好几天都不敢再走路了。"果不其然，等到帅帅恢复平静之后，妈妈再把帅帅放到地上走，帅帅就把两条腿缩起来，怎么也不愿意配合妈妈继续走路了。

妈妈纳闷地问盈盈奶奶："阿姨，这到底是怎么了？"

盈盈奶奶告诉妈妈："孩子被你吓到了，你太紧张了，虽然孩子未必能听懂你的话，但是看你的神情、听你的语气，孩子就知道事情很严重，所以他就不敢走路了。其实，以孩子的身高，这样平地上摔倒只要不擦破皮，基本没什么问题，况且现在是冬天，孩子穿得多，也不容易因摔倒而受伤。孩子摔倒之后，你不要那么紧张，不然孩子就不敢走路了。"

这时，妈妈才意识到自己做得不好，赶紧反思自己。足足两三天之后，帅帅才敢再次下地走路。从那以后，妈妈再也不敢大惊小怪地吓帅帅了。

一岁多的孩子虽然还不能完全听懂妈妈的话,但是他们却能从妈妈的神情、语气中感受到妈妈的情绪。当妈妈过分紧张的时候,孩子也会变得紧张起来,甚至原本不想哭的孩子也会马上哭泣,原本小声哭泣的孩子会立刻大声哭泣,从而使他们表现出来的严重程度与妈妈的紧张程度成正比。

一看到孩子哭泣,很多父母就不淡定了,其实让孩子哭一会儿没关系的。父母看到孩子哭,只要查看孩子有没有受伤即可。

当然,父母也可以引导孩子从失败的经历中总结经验,培养孩子越挫越勇、坚定不移的优秀品格。

第二章
换个角度看世界，父母才能走入孩子的内心

一直以来，肢体语言作为语言表达的重要方式，在人际交流中起到举足轻重的作用。对于婴幼儿来说，因为他们的语言表达能力还不够完善和强大，因而他们出于本能，更擅长使用肢体语言和动作来表达自己。

而父母要想更好地关爱孩子，就要站在孩子的立场上理解孩子的感受，走入孩子的内心，从而给予孩子积极而又正确的回应，以此锻炼和保护孩子脆弱的心理。

孩子的脸六月的天，说变就变

常言道，孩子的脸就像六月的天，说变就变。孩子有什么喜怒哀乐都会毫不掩饰地写在脸上，绝不掩饰。

从心理学的角度而言，人内心的很多想法都会无法掩饰地表现在面部表情上，因而面部表情是完全发乎自然的，很难通过思想对面部表情进行控制或者掩饰、伪装。所以要想了解一个人的内心，就要认真观察他的面部表情，顺藤摸瓜，从而了解这个人内心深处的想法。

同样的道理，很多婴幼儿天生就会运用面部表情来表达自己的内心，他们虽然还很小，但是他们有各种各样的需求，也要通过面部表情传达出来。因而，父母走入婴幼儿内心的第一步，就是要认真细致地观察婴幼儿的表情，从而有的放矢，全面地照顾婴幼儿。例如吃饱喝足的婴幼儿会显出慵懒的姿态，这个时候，妈妈最好不要继续喂养婴幼儿。毕竟凡事过犹未及，给婴幼儿吃得太多容易积食，反而对身体健康不利；当婴幼儿突然间眼神涣散，变得有些呆滞，且反应也很迟钝时，如果妈妈再看到婴幼儿打哈欠，那么婴幼儿自然是困倦了。这种情况下，父母就不要继续和婴幼儿玩耍，而要给他们营造安静的环境，让他们入睡。

婴幼儿面部的表情实在太多了，诸如：不满足的时候会撅起小嘴撒娇；心烦气躁的时候会哭闹不止或者紧皱眉头；满脸通红、浑身用力，也许是在努力拉臭臭；不停地用嘴巴四处寻找且做出吮吸的动作，是在找吃的，是饿了；突然哭泣，也许是因为身体不适……读懂了婴幼儿的表情，妈妈就会更加了解婴幼儿的内心，从而及时满足婴幼儿的需求，缓解婴幼儿紧张焦虑的心情。

闹闹周岁生日的时候，妈妈请了很多亲朋好友，举办了一个自助餐会，为闹闹庆祝生日。看到那么多的客人，闹闹刚开始很兴奋，高兴地和小朋友们一起玩耍。中午吃饭之后，闹闹要午休了，但是客人还没有离去，闹闹不由得烦躁起来，开始大哭大闹，时不时地还会尖叫。大家纷纷逗弄小寿星，想让闹闹变得高兴，妈妈看着闹闹蔫头耷脑、哈欠连天的样子，意识到闹闹是想睡觉了。因而赶紧安排闹闹去卧室里睡觉，果然，拉上窗帘关好门，闹闹很快就睡着了。

下午三点，闹闹从午睡中醒来，养精蓄锐的他再次变成了精神抖擞的可爱小寿星，兴致勃勃地玩了起来。妈妈暗暗想："闹闹真是个小猪仔，吃饱了睡，睡饱了吃。"

对于一岁大的幼儿来说，虽然他们天生喜欢热闹，但是他们也很喜欢安静。他们完全受到身体本能的支配，不愿意委屈自己，饿了就要吃，困了就要睡，渴了就要喝水。总而言之，他们自由随性，任性而为。面对宝宝突然的大声喊叫或者哭泣，父母一定要保持镇定。很多父母看到幼儿烦躁不安，自己也跟着烦躁，甚至对着幼儿发脾气，殊不知这样会令幼儿模仿父母的样子，变得极其不配合。

明智的父母要记住，虽然婴幼儿还不能用语言熟练地表达自己，但是他们的脸就是晴雨表，能够反映微妙的心理，也帮助父母了解他们。父母一定要认真观察婴幼儿的表情变化，才能洞察他们的内心，也更好地了解和呵护他们的成长。

孩子的微笑，隐藏着很多秘密

新生儿从呱呱坠地，就会本能地用哭泣来宣誓自己的诞生，也宣告自己的各项权利和各种需求。然而，妈妈最喜欢看到孩子天真无邪的笑脸，而不愿意看到孩子哭泣。孩子的笑的确是这个世界上最美丽的风景，他们内心纯真，笑容灿烂。就连看到孩子笑容的人，心也会被感化和融化，甚至感受到人生的云淡风轻，再也不会一味地斤斤计较。

当然，孩子并非一出生就会微笑，哭泣的他们是在渐渐成长的过程中才学会微笑的。随着渐渐地长大，孩子们也越来越多地向父母展现笑容，并以笑容作为人生中最具有标志性的表情。

从本质上来说，笑和哭对于孩子而言，都是非常重要的情绪反应和交流方式。出生不久的婴儿要倚靠笑容来表达自己的满足，即使长大成人之后，他们也依然要倚靠笑容来与他人交流，表达自己的情绪。

笑容隐藏着很多的秘密，对于人际交流起着重要的作用。父母唯有了解孩子微笑的秘密，才能了解孩子的内心，也能更好地与孩子交流。

新生儿出生之后不久，就学会了微笑。从此之后，他们以微笑与父母交流，所以说婴儿的第一次微笑具有里程碑的意义。随着成长，婴儿的笑容渐渐会变得更加丰富，不同的笑容也意味着婴儿的生长发育进入了崭新的阶段。不可否认，笑容是良好情绪的表现，也能够促进婴儿的不断成长。

曾经有科学家研究指出，笑容能够牵动人身体上诸多的肌肉参与，而且对各种器官也都有强健的作用。因而很多爱笑的宝宝，都身强体壮，性格开朗，而且情绪乐观稳定。很多时候，孩子的微笑是自发性的，例如孩子在睡梦中的时候，突然就笑了。当然，大多数孩子的笑都是因为感到心情愉悦，才会展示出来的。

乐乐六个月时候，妈妈要去南京参加考试，因而就把乐乐和姥姥、姥爷也带上一起同行，他们约定南京之行后，再回老家看望老人、拜访亲戚。姥爷发现，乐乐才六个月就已经学会察言观色了，诸如当姥爷对着乐乐笑时，乐乐也会马上裂开嘴笑起来。而当姥爷突然板起面孔时，乐乐也立刻变得严肃，不再对着姥爷展现笑容。

在南京街头，当看到陌生人的时候，原本乐呵呵的乐乐也会变得很警惕，紧紧地靠在妈妈身上。

毫无疑问，六个月的乐乐出现了主动自发的微笑，他不再是对谁都笑，而是有选择地微笑。曾经有心理学家经过研究证实，妈妈的情绪行为会影响婴儿的微笑。所以父母在与婴儿交流时，要始终保持积极愉悦的情绪，也要积极地逗弄婴儿主动微笑。随着渐渐长大，婴儿还会以笑容与父母进行交流，或者再配以手势等，准确表达出自己的意思。

当然，对于满脸微笑和打"哑谜"的宝宝，妈妈一开始也许不知道宝宝到底在表达什么意思，想干什么。但随着与宝宝的接触越来越多，与宝宝的心灵也更默契，妈妈才能与宝宝心意相通，一拍即合。爱笑的宝宝自然人人喜欢，但是有些宝宝总是表情严肃，这种情况下父母要多多留心。

笑是宝宝的天性，也是宝宝最重要的语言之一，当宝宝经常不苟言笑时，也许与外界交流就会存在很大的障碍，也意味着宝宝心理发育得不够完善。因此，父母要观察宝宝"笑"的语言，与宝宝更好地交流和相处。

渴望拥抱，是孩子需要安全的依靠

很多孩子都希望父母抱抱，哪怕是小小的婴儿，只要父母一抱起来，他们马上就不哭了。所以细心的父母会嗔怪小家伙："狡猾的小家伙，你这么机灵，爸爸妈妈一抱，你就知道了哦！"为何孩子这么喜欢抱抱呢？其实，这是孩子渴望得到安全感的表现。

人人都追求安全感，成人也不例外，而孩子因为无法准确清晰地表达自己的情感需求，所以总是希望得到父母的拥抱，以此来安慰自己惊惶不安的内心。曾经有心理学家经过研究发现，婴儿出生之后两个小时内就应该得到拥抱，而且他们会对于第一个拥抱自己的人印象深刻，非常依恋。尤其是当妈妈把新生儿抱在自己的胸口，让新生儿听到妈妈熟悉的心跳声时，新生儿紧张的情绪就能得以缓解。

专门从事儿童身心研究的专家发现，如果婴儿能够得到妈妈更长时间的拥抱，那么他们未来的智力水平会更高。如果父母每天抽出短暂的时间帮助孩子进行肢体运动，孩子身心发展也会更加协调。

总而言之，与父母的亲密接触，对于每个年龄段的孩子都是至关重要的。很多孩子哪怕长大到五六岁，也依然对父母非常依恋，还有些爱撒娇的孩子，更是愿意在父母面前撒娇，从父母那里得到精神和情感上的支撑，也得到安全感。

此外，父母应该理解孩子对于拥抱的需求。很多成人不是也希望得到拥抱吗？诸如朋友之间、爱人之间，拥抱就是表达感情的好方式。所以，父母们不要吝啬自己的拥抱。等到孩子长大了，也可以适当给予孩子拥抱，帮助孩子建立安全感和对父母的信任与依赖。

一直以来，默默都很希望得到妈妈的拥抱，然而妈妈工作很忙，除了在默默出生时喂养了乐乐半年之外，其余的时间就把默默交给奶奶照顾。渐渐地，默默与妈妈越来越生疏，而每当幼儿园放学，看到其他妈妈都抱着孩子时，默默的心中就很不是滋味。已经读幼儿园大班的默默都懂事了，有一天在幼儿园里，老师讲了《抱抱》的绘本给他们听，他就问老师："老师，我可以把这本书借回家里看一个晚上吗？就一个晚上。"看着默默真诚的眼神，老师无法拒绝他，就答应了他的请求。

默默把书带回家，一直等到很晚妈妈回家，并央求妈妈讲这个故事给他听。妈妈想到默默平日里都是奶奶负责照顾，心中也很愧疚，因而答应了默默的请求。于是，妈妈开始讲："在辽阔的大森林里，小猩猩波波正在自由自在地玩耍。他只有一个人，不知道妈妈去了哪里。他看到大象、变色龙等小动物都亲密地和妈妈依偎在一起，看起来非常亲密友爱的样子，忍俊不禁地喊道：'抱抱'他想妈妈了，但是他找不到妈妈，不由得伤心起来。看到波波伤心的样子，大象赶紧帮助波波找妈妈。在寻找的过程中，波波看到河马和长颈鹿也在和他们的孩子拥抱，忍不住哭起来。大象带着波波找啊找啊，终于找到了猩猩妈妈。猩猩妈妈也充满爱心地拥抱了波波，波波终于不再哭泣了，其他小动物看到波波和妈妈团聚了，也大喊着'抱抱'，并且拥抱在一起。"

妈妈讲完了故事，也陷入了沉思，默默也忍不住流下泪水，说："妈妈，你可以抱抱我吗？"此时，妈妈的眼圈也红了。想起自己一直以来对孩子的忽视，妈妈深感愧疚。

第二天，虽然默默把书带去幼儿园还给了老师，但是妈妈却养成了每天晚上都拥抱默默的好习惯，默默也不觉得伤心了。相反，他沉浸在幸福之中，觉得自己简直是这个世界上最幸福的小孩。

　　每个孩子都需要父母的拥抱，不管孩子是几个月，还是几岁，抑或是已经十几岁了。拥抱的时候，父母敞开胸怀接纳孩子，这使孩子感觉很安全，也很温暖。为此，孩子们必然对妈妈更加信任和依恋。当然，拥抱孩子绝不仅仅是妈妈的专利，爸爸也应该拥抱孩子，并且成为孩子最坚实的依靠。事例中的默默非常聪明，他以一个《抱抱》的故事打动妈妈的心，引起妈妈的反思，也表达了自己对妈妈的渴望和需要。

　　父母不应该等着孩子索要抱抱，而是要尽量给予孩子更多的拥抱，从而给予孩子安全感，帮助孩子与父母建立良好的亲子关系。任何时候，抱抱对于孩子都有好处，父母更应该尊重孩子，给予孩子足够的尊重和爱。

孩子好几岁了，为何还是迷恋妈妈的乳房

　　三岁之后，直到六岁之前，孩子处于心理发展的重要时期，这个时期也是孩子的第一生殖发展期。在这个时期内，孩子对于性别产生了意识，也会好奇自己的生殖器官，更会对妈妈的乳房产生浓厚的兴趣，甚至有些孩子还会质疑妈妈的乳房为什么比爸爸的乳房大，女孩尿尿的姿势为何与男孩不一样。有些孩子受到身心发展的驱动，也会不停地触摸自己的生殖器，从而出现手淫现象。所以，如果这个时期的孩子过分迷恋妈妈的乳房，父母也可以借此机会向孩子讲述简单的性别知识，从而帮助孩子形成性别意识，引导孩子转移注意力。

从六岁之后到青春期期间，孩子们进入小学学习后，生活的重心和关注的焦点也有所转移。直到青春期，孩子们才会青春荷尔蒙的影响，再次对妈妈的乳房感到神秘。这个时候，就要及时对孩子开展性教育，帮助孩子正确认识性，从而引导孩子安然度过青春期。当然，我们这里所说的主要是六岁前的孩子迷恋和喜欢抚摸妈妈乳房的情况。

球球三岁了，从一岁断奶之后，球球就养成了一个坏习惯，即每天晚上都要摸着妈妈的乳房才能入睡，而且半夜里醒来的时候也总是第一时间摸妈妈的乳房。看到球球对于乳房如此迷恋，妈妈不由得发愁，原本妈妈准备等到球球四岁就跟他分床睡觉的。这样的话，他半夜哭着喊着找妈妈的乳房，还怎么能睡得好呢？

为了帮助球球改掉摸乳房的坏习惯。有一天，等到球球睡着之后，妈妈和爸爸调换了位置，让爸爸挨着球球睡。不想，球球半夜里醒来四处寻找妈妈的乳房，还不由得大哭起来。无奈之下，妈妈只好再回到球球身边。

有一天，妈妈看到有则网络新闻上说，有的男孩都上小学了，还是喜欢摸妈妈的乳房，就遭到了别人的嘲笑。为此，妈妈不由得感到担忧。她可不想让球球也形成这样的坏习惯，也因为如此的异常行为而遭到他人的嘲笑！

为此，妈妈当即决定与球球分房间睡觉，半夜里如果球球哭醒了，就由爸爸负责安抚球球，妈妈则不出面。这就像是球球的又一次断奶，足足折腾了半个月，球球才渐渐忘记妈妈的乳房。

球球都好几岁了，为何还迷恋妈妈的乳房？其实，很多孩子在一岁前后刚刚断奶的时候，因为缺乏安全感，都会对妈妈的乳房产生迷恋。就算不吃奶了，也会继续抚摸妈妈的乳房，以此寻求安慰。对于两岁之前的孩子而言，迷恋妈妈的乳房是正常现象，因为妈妈的乳房不但是他们的大食袋，也是他们精神上的满足和安全感的来源。吃，是人最本能的需求，孩子通过吮吸母乳满足自身的食欲，也能够通过与妈妈的亲密接触，感受到妈妈对他的爱，从而对外界更加信任，拥有安全感。对于两岁之前的孩子而言，乳房不仅仅是乳房，更是妈妈的象征，所以孩子迷恋乳房其实就是在迷恋妈妈。因此，对于两岁前的孩子迷恋妈妈的乳房，父母完全无需紧张，而要意识到这是孩子的正常需求。

对于孩子，尤其是男孩子喜欢抚摸自己的乳房，很多妈妈都觉得这是异常行为，甚至觉得有些不可见光。很多妈妈也因此训斥孩子，对孩子矫枉过正，这反而会导致孩子更加紧张，加重孩子的行为。

明智的父母应该知道，孩子喜欢抚摸妈妈的乳房是正常行为，父母一定要控制好自己的反应，不要使孩子误以为自己的行为很可耻。否则一旦导致孩子自卑，孩子就会变得胆战心惊，也把自己看轻，这对于孩子的身心发展毫无益处。

其实，父母可以以自然的方式引导孩子转移注意力，诸如带着孩子一起做游戏，给孩子讲故事，或者陪伴孩子玩玩具。当孩子的心沉浸在精彩的情节中，就会渐渐地忘记不该做的事情，甚至还会带着对童话的幻想入睡。

为了从根源上戒除孩子抚摸妈妈乳房的问题，父母还应该及时和孩子分床睡觉。很多孩子在三岁之后，都应该改变此前对父母的依恋关系，尤其是男孩。

当然了，观念的转变也非常重要。一直以来，中国都是谈性色变的，很多父母更不好意思直接开口和孩子讲述关于性的知识。其实，性教育宜早不宜迟，对于年纪小的孩子，父母要教会他们认识自己的身体，对于年纪大的孩子，诸如针对青春期少年，父母应及时对孩子开展性教育，从而给孩子树立正确的性观念，帮助孩子健康成长。

孩子的小手动不停，内心活动也丰富

曾经有心理学家指出，和面部表情相比，人的肢体语言更是无法掩饰的。对于孩子而言，同样如此。年幼的孩子还没有学会用语言来表达自己的思想，但是他们已经有了丰富的肢体语言，尤其是他们手部的动作。很多父母都喜欢牵着孩子肉嘟嘟的小手，却对孩子小手表现出来的动作视而不见。而这，也让父母错过了打开孩子心扉的钥匙，从而无法领会孩子的意图。

对于孩子的手，意大利著名的幼儿教育专家蒙特梭利曾经说过，人类是非常负责和细致的，正是双手带领人们进入生命，进入环境之中。她甚至主张，人类对于自然界的一切都是通过双手的引导进行和完成的。

细心的父母会发现，新生儿在降临人世的时候，总是紧紧地攥着两个拳头，这是因为新生儿的神经系统发育不完善，还没有完全形成对高级神经中枢的调控。很多父母对此不以为然，殊不知，孩子的手部发育与脑部发育密切相连，只有让孩子尽早地摊开手掌心，丰富孩子手部的动作和感知，孩子的脑部才会得到更多的刺激，尽快发育。

皮皮已经三个月了，但是他看起来非常老实，从不像其他婴儿那样手舞足蹈地动个不停。妈妈带着皮皮去医院进行常规体检时，看到皮皮的反应很慢，医生觉得纳闷不已。因为经过检查，他发现皮皮各方面都很正常，但是为何唯独反应不够敏捷呢？后来，医生看到皮皮的手总是攥着拳头，就问妈妈："宝宝一直都这样紧握拳头吗？"

妈妈想了想，没有想出答案，就告诉医生："我也不太清楚，他平时是戴手套的。"

医生很惊讶，赶紧问："从出生就戴手套吗？"

妈妈点点头，说："是的，他出生没多久，总是挠破自己的头皮和脸，从那之后就给他戴手套了。"

听完妈妈的话，医生严肃地对妈妈说："原来如此。你们可真是不负责任的父母，为了自己省事，就不顾孩子的发育。你们完全可以给他剪指甲啊，你没发现你家孩子反应很迟钝吗？原因就是你一直给他戴手套。假如让你戴三个月的手套，你愿意吗？"

妈妈担心地看着医生，满脸通红，羞愧不已，问道："我们之前并不知道孩子戴手套不好啊！"

医生再次反问："让你戴三个月的手套，你觉得如何？你们这样完全阻隔了孩子与外界的联系，孩子怎么能得到锻炼，怎么能变得敏捷起来呢！从现在开始，每天都要打开孩子的拳头，按摩孩子的手掌心，不然就会很糟糕。"

妈妈听从医生的教诲，回家之后照做。可是，她却发现皮皮的拳头攥得非常紧。妈妈每天都尽心尽力地按照医生的嘱咐，一有时间就帮助皮皮打开拳头，按摩手掌，渐渐地，皮皮终于不再紧握拳头了。

很多人对于父母的责任理解很狭隘，总觉得只要照顾好孩子的吃喝拉撒，就已经尽到了父母的责任。殊不知，养孩子不是养宠物，不仅要对孩子用心，付出爱心和耐心，还要时刻保持学习的心态，才能不断了解孩子行为背后的深层次心理，也才能对孩子的内心更加透彻了解。

人是情感动物，孩子也是情感的小动物，其从呱呱坠地不久就萌发了情感需求，也以手来打开通往外界的大门。当父母看到孩子紧握拳头时，应该感受到孩子紧张的情绪。当父母看到孩子把小手张开伸出来时，也要及时回应孩子邀请的姿态，满足孩子的心理需求。当看到孩子随着渐渐成长，不断地探索外界，把一切能够到的东西都拿在自己手中时，父母不要觉得很烦，而要意识到孩子正在迈出人生的第一步——接触和了解这个世界。

作为父母，哪怕孩子的探索行为给我们带来了很多麻烦，也依然要坚定不移地支持孩子进行探索，从而给予孩子更大的空间。总而言之，父母唯有读懂孩子的手势语言，才能更加深入了解孩子的需求和内心世界，从而更好地呵护宝宝健康成长。

多动的孩子真的有多动症吗

很多父母对于多动症的理解都很偏颇，即觉得孩子只要好动，就是有多动症。实际上，根据相关的专家所说，所谓多动症并非只表现在孩子的言行举止上，多动症的根源是因为孩子有轻度脑损伤，也就是孩子有轻度脑功能障碍。看到这里，相信父母再也不会轻易说自己家的孩子有多动症了吧！

通常情况下，一旦发现或者怀疑孩子有多动症症状，父母应第一时间带着孩子去医院问诊，积极治疗。那么，作为父母，如何区分孩子到底是多动还是真的有多动症呢？

首先，多动症的孩子控制力很差，总是不分时间和场合就表现出多动症状，而且他们也不能专心致志地做好某件事情。与他们不同，好动的孩子虽然也表现得多动，但是好动的孩子会分时间和场合，也可以在有必要的情况下合理地控制举动。关键是，多动的孩子可以集中注意力，对于自己感兴趣的事情表现出超强的专注力。

其次，随着年岁的增长，多动症的孩子并不会有明显好转，而多动的孩子小时候尽管顽皮，但随着年纪越来越大，会变得更加懂事。

因此，父母们再也不要随随便便就说自己家的孩子是多动症了！要知道，多动症可不仅仅是三个字这么简单，而是意味着孩子出现了脑部的问题，是非常严重的。在孩子表现出好动顽劣的品质时，父母哪怕再生气，也不要轻易给孩子贴上多动症的标签，否则就会让孩子破罐子破摔，导致多动的行为变本加厉，最终影响孩子正常的身心发育。

北北上大班了，简直就是个小忙人。人们常说男孩子比较调皮，妈妈却怎么也想象不到北北为什么这么调皮。诸如，北北从来不闲着，除了睡觉能消停会儿之外，北北总是无时无刻不在动。

每次去农村的奶奶家里，北北不是上房揭瓦，就是下河摸虾。有一次，北北非要帮奶奶烧锅，结果把奶奶的锅捅破了。自从上了幼儿园大班，老师就开始教大家很多知识，而北北却总是坐不住，上课的时候不是擅自离开座位，就是对老师的话不理不睬，有的时候还会给其他认真听讲的小朋友捣乱。妈妈接二连三接到老师的告状电话，就开始怀疑北北有多动症。每次带着北北一起出去玩，妈妈也总是提心吊胆的，生怕北北再惹出什么祸来。

现实生活中，有很多孩子都和北北一样，特别爱玩，好动，也不止一次被父母怀疑有多动症。虽然很多父母都知道孩子越是调皮越聪明，但是实际上，孩子过于调皮，甚至因为好动而影响自己正常的学习，对于父母而言的确是个烦恼。难道多动的孩子就真的有多动症吗？其实不然。大多数孩子都精力旺盛，因而非常好动，但是好动并不等于多动症。假如看到孩子顽劣调皮，就妄下定论，认定孩子有多动症，那么就会导致孩子无法健康成长。

从心理学的角度而言，好动的孩子往往有着更强的探索欲，所以他们才会对外界充满好奇，自身也会有着充沛的精力，不断地探索外界。而且，不同的孩子性格也完全不同，有的孩子喜欢安静，有的孩子外向开朗，一刻也不能停下来。除了因为性格和天生好奇心导致的不同之外，有的孩子为了吸引父母的注意力，或者在父母面前表现自己，也会表现出多动的倾向。不管出于哪种原因，多动的孩子与多动症都有着本质的不同。面对孩子的多动倾向，父母千万不要一味地压制孩子，更不要因为担心孩子受伤就限制孩子的举动。孩子的天性就是好动爱玩，父母要尊重孩子的天性，才能做出对孩子成长有利的决定和举措。比如父母要给予孩子自由的空间，不要时时处处限制孩子，从而避免孩子有太多的精力无处发泄。

现代社会，父母都望子成龙、望女成凤，很少有父母能够给予孩子自由的时间玩耍，而在学校里，老师也出于安全考虑帮助孩子自由活动，这就导致孩子们精力过剩，无处发泄。平日里，为了减少孩子在家里的多动表现，父母可以经常带着孩子出去玩，或者游山玩水，或者去游乐场发泄多余精力，这对于缓解孩子的多动症表现都有很好的作用，效果也是立竿见影的。

当然，这也并非说父母要放纵孩子，任由孩子肆意胡闹，而是说父母约束孩子要讲究一定的力度，把握适度的原则。诸如父母可以制定规矩，告诉孩子在哪些地方可以疯玩，在哪些地方必须收敛，也要告诉孩子什么情况下要保持安静。为了引导孩子变得安静专注，父母还可以规定孩子在特定时间段内只能做好一件事情，从而让孩子养成认真的好习惯。当孩子感受到专心做事的乐趣，他们也会更乐于保持专注，做好手里的事情。

孩子为何会突然发出怪异的叫声

养过孩子的父母都知道，孩子总是状况百出，不断地给父母带来惊喜，也不断地给父母带来惊吓。为了能让自己变得坚强一些，不少父母已经做到了兵来将挡，水来土掩，从而能有效地应对孩子的各种状况。

对于年纪小的孩子，如果突然发出怪异的声音，大多数是因为身体不适。而对于大一些的孩子，如果突然发出怪异的叫声，则意味着孩子内心太压抑，情绪不能得到合理的宣泄和释放。

这种情况下，父母千万不要责怪孩子，最重要的是打开孩子的心扉，走入孩子的内心，了解孩子的所思所想。很多父母一旦发现孩子表现不好，总是不分青红皂白先把孩子狠狠地批评一顿。这样一来，孩子必然会关闭心门，又怎么可能向父母敞开心扉呢？所以作为父母，首先要有好脾气，这样才能耐得住性子，了解孩子的情况，也能给予孩子正确的对待。

自从上了五年级，乐乐越来越叛逆，难道已经十一周岁的乐乐提前进入青春叛逆期？为此，妈妈每天都在为与乐乐的沟通问题感到发愁，也不知道怎么样才能和乐乐友好相处。乐乐有些拖延，妈妈当然不能完全顺从乐乐的意思，对他不管不顾，任由他什么时候写完作业都行，而一旦妈妈催促就会导致矛盾爆发。最近，乐乐还会时不时地发出怪叫。

有一天，因为乐乐放学后没有马上写作业，妈妈又开始催促。在一番不愉快的争吵之后，乐乐摔门进入自己的房间，然后关上门在里面发出嗷嗷的怪叫声。妈妈很紧张，不知道乐乐怎么回事，又加上乐乐把门锁上了，妈妈无法进入乐乐的房间，所以妈妈不得不找来开锁的，让开锁师傅给开了门。

此时，乐乐正坐在屋子里写作业呢，眼圈红红的，看到妈妈进来也不抬头。直到吃晚饭，乐乐依然闷不吭声，妈妈也不搭理他，而是暗暗地发微信给爸爸，让爸爸回来救援。

既然妈妈已经唱了黑脸，爸爸只好回来唱白脸。爸爸先安抚乐乐，然后询问乐乐事情的始末，乐乐这才大诉苦水："妈妈总是催促我写作业，我上了一天课回家就不能休息一下吗？我觉得妈妈都快把我逼疯了，还总是说我拖拉鬼，我就故意拖拉，我要让自己符合妈妈的要求。"

爸爸意识到乐乐已经产生了逆反心理，因而对乐乐好言相劝，希望乐乐能够理解妈妈的苦衷。和乐乐谈完之后，爸爸与乐乐约定回家之后的休息时间，又告诉妈妈以后不要催促乐乐做作业，这才缓解了母子俩之间的矛盾。

懂事的孩子之所以发出怪叫，就是因为他们觉得内心压抑，很多父母都不理解孩子，只知道一味地催促孩子学习。要知道，孩子不是学习机器，他也需要适度休息和调整自己。所以当看到孩子情绪不对，或者是有些烦躁不安时，父母首先不要责备孩子，而要与孩子交流，打开孩子的心扉，了解孩子的心理状态。唯有如此，父母与子女之间才会加深了解，避免误解。

此外，父母一定要尊重和理解孩子，才能与孩子更好相处。特别是对于青春期的孩子而言，身心处于快速发展之中，心思变得更细腻，自尊心也更强，父母更要帮助他们打开心扉，建立良好的沟通渠道，从而营造和谐融洽的亲子关系。

因此，当孩子经常发出怪叫声，父母一定不要轻视，而是要及时与孩子沟通，了解孩子各方面的情况。

第三章
了解孩子内心，父母不得不知的敏感期

在生长发育的过程中，孩子必然要经历各种各样的时期，也会表现出不同的行为习惯。要想了解孩子的内心，不至于因为孩子突然出现的情况感到惊诧或者难以接受，父母就必须了解孩子的敏感期，这样才能有的放矢引导孩子走过敏感期。

见什么都要啃一啃——口的敏感期

婴儿从呱呱坠地到两岁前后，是会出现口腔敏感期的。大多数婴儿的口腔敏感期高峰期出现在 4 月龄到 12 月龄之间。也有些宝宝在口腔敏感期内没有得到口欲的满足，导致口腔敏感期延后，直到三岁左右。

伴随着口腔敏感期到来的，是婴儿渐渐露出头的小牙齿。小牙齿长出的时候，婴儿牙龈肿痛的情况比较明显，因而很多婴儿都会在吮吸母乳的时候咬妈妈的乳头，导致妈妈疼得嗷嗷叫。在度过长牙期之后，八个月到一岁左右的婴儿，还有可能因为一时高兴而咬人，一岁以后的幼儿也有可能因为生气或者愤怒而咬人。当然，这里我们重点需要讨论的是敏感期的问题。

蒙特梭利曾经提出，假如父母不能给孩子创造好的环境，让孩子满足口欲的需求，那么孩子的口腔敏感期就会延长。反之，要想让孩子顺利度过口腔敏感期，父母就不要压制孩子，而要鼓励孩子用口去探索这个世界。

下面事例中的妈妈看到原本乖巧可爱的女儿小美变得就像只小狗，四处啃咬，而非常焦虑。幸好在医生的指点下，妈妈意识到小美正在度过口腔敏感期，并掌握了正确的方法对待正处于口欲期的小美。

近来，已经十个月的小美变得就像只小狗，只要是行动能及的地方，双手能够拿到的东西，她都会毫不迟疑将它们放到自己的嘴巴里，然后吧唧吧唧地啃一啃。妈妈很担忧，常常制止小美，毕竟那些玩具、衣服甚至是书本等，都是很脏的，妈妈害怕小美会因此而吃入太多的细菌，导致生病。然而，每次妈妈只要把东西强行从小美手里拿下来时，小美立刻就会哇哇大哭起来，对于妈妈的安慰不管不顾。小美为何这么喜欢"吃"各种东西呢？难道是体内缺乏什么营养吗？

在带着小美去常规体检的时候，妈妈把心中的困惑告诉了医生。医生拿起几样东西给小美，通过观察，小美的确无所不吃，确定小美已经进入了口腔敏感期。但妈妈对于什么是口腔敏感期根本不懂，因而困惑地看着医生。这个时候，小美抓起妈妈的披肩长发，又送到嘴巴里了。

妈妈赶紧说："宝贝，不要吃啊，不要吃啊，头发很脏的！"说着，妈妈便夺下小美手中的头发，小美立刻哇哇大哭起来。医生笑了，问妈妈："这样的情形最近是不是时常发生？"

妈妈无奈地点点头，医生又向妈妈解释："所谓口腔敏感期，指的是一岁左右的孩子越来越喜欢用口来了解和认识这个世界。实际上，如果你足够细心，会发现孩子三个月之后就变得很爱吮吸自己的手指，这是孩子在用口来认识自己。当孩子认识自己之后，他又会用口来认识外部的世界，从而感知各种各样的东西不同的特点。他们会在潜意识里把东西分成可以吃的、不能吃的，软的、硬的等，以此来构建属于自己的世界。"

妈妈担忧地说："但是有些东西很脏啊！"

医生说："所以当孩子处于口腔敏感期时，需要父母为他们营造良好的环境，保证他们入口的东西都是安全卫生的。诸如要经常高温消毒玩具，家里的地面、家具等也要保持干净卫生。当然，不管你怎么打扫，这些东西也是会有一些灰尘的，只要在合理范围内，就没有关系。"

在医生的建议下，妈妈再也没有禁止小美四处啃咬东西。她还买了一本关于敏感期的书，也认识到当孩子处于口腔敏感期时，要如何更好地照顾孩子，满足孩子的需求和欲望。

很多父母也和事例中的小美妈妈一样,坚持制止孩子吃各种各样的玩具以及其他东西。然而,这只是出于安全和卫生方面的考虑,而没有意识到孩子敏感期的需要。孩子处于口腔敏感期,正是通过嘴与外部世界建立联系,与此同时,这也能够刺激孩子发展潜能,变得越来越强大。

父母不要因为脏就限制孩子,而是要尽量给孩子创造便利的条件,帮助孩子度过口腔敏感期。诸如,可以用做游戏的方式让孩子用嘴巴咬起某些玩具,对于小婴儿的咬人行为,妈妈哪怕疼也不要表现得很夸张,否则有可能导致事与愿违,反而强化了婴儿的咬人行为。有的时候,孩子的口腔敏感期表现明显,父母还要学会转移孩子的注意力,让孩子把啃咬这件事情暂时忘记,这也能缓解孩子口腔敏感期的各种症状。总而言之,孩子在口腔敏感期内必须得到满足,否则他们的身心发展就会受到影响,这对于孩子的身心发展是非常重要的,父母也必须引起足够的重视。

乐此不疲喜欢扔东西——空间敏感期

从身体发育的角度而言,当孩子学会独立扔掉东西,意味着他们可以控制自己的双手了。他们不但能用手抓东西,而且能够用手把不同的东西扔到不同的地方,这对于他们而言是在成长的道路上前进了一大步。

在扔东西的过程中,孩子还能协调身体各个部位和手部的细小肌肉一起运动,并且这对于他们的视觉、听觉和触觉的发育都是非常好的。因而父母在发现孩子学会扔东西之后,不要对孩子表现出厌烦,而要尊重孩子学习的过程,给予孩子机会不断积累经验,丰富人生的阅历。当父母真诚地表扬孩子能把东西扔到很远的地方，就会发现孩子变得更加兴奋，也更竭尽全力地把东西扔到远处。即使孩子扔东西的行为愈演愈烈，父母也不要对孩子厉声呵斥，否则孩子一旦发现扔东西会让父母生气，也许他们以后再想要引起父母注意的时候，也会情不自禁采取这种糟糕的方式。所以父母要保持理智和平静，不要反应过激，以免强化孩子的行为变成不好的习惯。

此外，父母还需要注意区分孩子是因为空间敏感期的到来才扔掉东西，还是因为性格暴躁易怒以扔东西的方式来发泄情绪。如果是后者，父母一定要及时和孩子讲道理，让孩子意识到他们的行为是不正确的。当然，对于年纪小的孩子而言，也许父母讲道理他们也未必能懂。但是，不管他们出于什么原因而扔东西，父母都要注意保护孩子的安全，诸如给孩子不容易摔坏的东西玩，诸如玻璃制品等都是要坚决制止的。

常言道，有苗不愁长，转眼之间，乐乐十个月了。妈妈发现，乐乐最近越来越调皮，不管什么东西，乐乐只要拿到手里，马上就会扔出去。乐乐不仅扔掉玩具，也扔掉吃的食物，还扔掉了妈妈的眼镜。妈妈都被摔烂了两个眼镜了，为此，她现在只得把眼镜随时摘下随时藏起来。

有一天，妈妈拿了一根磨牙棒给乐乐吃，乐乐吃着吃着，突然把磨牙棒丢掉了。妈妈赶紧捡起来，再把磨牙棒给乐乐，不料乐乐还是照样把磨牙棒丢掉，而且还得意地冲着妈妈笑。妈妈佯装生气，说："乐乐，你是个小坏蛋，为什么要丢掉磨牙棒呢？"

乐乐看着妈妈的表情很和善，当然不知道妈妈是在批评他，因而又扔掉磨牙棒。妈妈不停地捡起磨牙棒，累得腰酸背痛，但是乐乐显然很喜欢这个游戏。有的时候，乐乐还会扶着沙发走到茶几边上，把茶几上的电视遥控器、报纸等东西，都扔到地上，看着那些东西笑。妈妈对于搞乱大王乐乐简直无计可施。

有一次，妈妈和小姨见面，说起乐乐最近以来的讨厌表现，小姨马上传授经验给妈妈。原来，小姨家的孩子比乐乐大一岁，育儿经验比较丰富。小姨告诉妈妈："乐乐正处于空间敏感期，他不停地扔掉东西，其实是想通过声音感知这个东西，而且也来感知空间的概念。"

这时，妈妈恍然大悟："还有空间敏感期啊！现在的新名词真多。"

小姨笑了："姐啊！不是新名词多，而是我们以前对于孩子的了解和研究太少了，只不过现在才了解这些神奇的小生命了而已！"乐乐妈妈点头称是。

相信很多妈妈都曾经有过乐乐妈妈这样的苦恼，即孩子突然变得顽皮，不知道从何时开始就喜欢捣乱，总是把东西扔得乱七八糟。在扔东西的时候，虽然父母不停地捡东西很累，但是孩子反复扔东西却觉得很兴奋，因为这恰恰意味着他们又掌握了一项新技能，成为扔东西的小能手。有些孩子多次扔东西，其实也是为了吸引父母的注意力，他们不想被爸爸妈妈批评，只想得到爸爸妈妈的赞扬。

在有时间的情况下，父母可以和孩子一起玩扔东西的游戏。而如果父母不想让孩子玩得太高兴，不亦乐乎，也可以不给孩子捡起他扔掉的东西，这样孩子就不会那么兴奋了。等到孩子向父母发出求助信号时，父母再为孩子捡起玩具也不迟。空间敏感期的发展，对于孩子的身心发展都是有好处的，诸如孩子可以多多体验手部的功能，也可以认真倾听不同东西落地时的声音，还可以学会等待。

妈妈，我从哪里来——自我意识敏感期

"妈妈，我从哪里来？"相信很多父母都曾经面对过孩子提出的这个问题，也有很多父母面对这个问题时束手无策，因为他们不知道如何回答，才能让孩子听懂。当然，大多数父母都觉得这个问题有些令人尴尬。

"我从哪里来"对于孩子而言，就是一个追根溯源的问题，也是对生命本源的追问。

然而，中国传统的观点，使得父母羞于和孩子谈性，也不知道如何才能直截了当回答这个问题。这样一来，大多数父母都选择回避，还有的父母会批评孩子一通，让孩子不敢再问。态度好些的父母就对孩子采取哄骗的方式，甚至说孩子是从河里捡来的，或者是从大树根那里和蘑菇一样长出来的。总而言之，对于这个问题，父母的回答千奇百怪，孩子的理解也各不相同。

父母总是寄希望于孩子的成长，认为孩子长大之后自然而然就了解这个问题了，也不用再问父母。正是这种想法，导致中国大多数家庭中对于孩子的性教育几乎为零。殊不知，孩子已经进入自我意识敏感期，也迫不及待想要形成正确的自我认知。当父母搪塞孩子之后，孩子很容易产生错误的自我认识，觉得自己就是捡来的，那么理所应当去找自己的亲生妈妈。等到渐渐长大，孩子还会与父母越来越疏远，也是因为他们真的相信了自己不是父母亲生的。父母未免觉得啼笑皆非，然而这一切后果都是他们自己造成的。如今是讲究科学的时代，一味地哄骗孩子不会有什么好的结果。

因此，明智的父母应该摆正心态，借着孩子自我意识萌芽的机会，以科学的知识告诉孩子他们的来源，这也是对孩子进行人生中第一次性教育启蒙和人生观的建立。

近来，六岁的默默总是缠着爸爸妈妈问他是从哪里来的。当默默第一次提出这个问题的时候，妈妈瞠目结舌，她从未想过自己有一天会面对这样的尴尬，因而根本不知道该说些什么。不过，她还算理智，并没有不假思索地欺骗默默，告诉默默是从垃圾箱里捡来的，而是对默默说："这个问题很复杂，让妈妈思考几天再回答你，好吗？"

默默点点头，他感受到了妈妈的紧张情绪。

几天之后，看到妈妈还没回答问题，默默再次问妈妈。默默不知道，妈妈这几天已经做了功课，好不容易才找到容易向默默表述的答案。因而妈妈告诉默默："你是爸爸妈妈一起创造出来的。妈妈的肚子里有个非常温暖的小房子，爸爸的肚子里有很多可爱的小蝌蚪。有一天，有一只小蝌蚪来到妈妈的小房子里住下了，他渐渐地长大，十个月之后就从妈妈肚子里出来了。他非常健康，出生之后就开始吃妈妈的奶，越长越大，就成了现在的你。"

听了妈妈的话，默默觉得很神奇，他问："妈妈，爸爸肚子里的小蝌蚪是怎么进入你的肚子呢？"

妈妈有些害羞，脸都红了，默默突然笑着喊道："哈哈，我知道啦，你肯定和爸爸亲嘴啦，所以爸爸肚子里的小蝌蚪就跑到了你的小房子里，就有了我。"看到默默回答了自己的问题，妈妈不由得松了一口气。

随着渐渐长大，孩子对于自己生命的追寻会越来越频繁，对于生命的起源也具有强烈的好奇心。面对探求欲很强的孩子，父母不要总是压制孩子，而是应该以良好的态度对待孩子。否则孩子很好奇，而父母却遮遮掩掩，必然导致孩子更加好奇。

其实，父母之所以觉得"我从哪里来"是个尴尬的问题，就是因为他们想得太多了。实际上，很多年纪较小的孩子无法理解自己是从哪里来的，而父母的小蝌蚪与小房子的故事，已经足够满足他们的好奇心，暂时让他们对自己的来源感到满意。等到孩子渐渐长大，拥有一定的理解能力，父母又可以给他们讲述更深的生殖知识，从而让他们正确认识到自己的来源，也不再因为不知道自己从哪来而感到惶惑。

总而言之，面对孩子的提问，父母千万不要随便地搪塞孩子，更不要故意哄骗孩子。正所谓一个谎言需要靠无数个谎言去支撑，当有朝一日孩子再问起更深入的问题时，父母又该如何撒谎来圆自己之前的谎言呢？同时，父母不要觉得孩子还小，就糊弄孩子，唯有尊重孩子，以科学的态度对孩子做出解释，才能让孩子信服。

当然，孩子在自我意识敏感期还会有很多其他的表现，诸如突然变得爱惜自己的东西，不愿意与其他人分享，也或者总是强调"我"，变得有些霸道和任性。这些都是自我意识敏感期特有的表现，父母无需对孩子的表现过于紧张。等到孩子建立自我意识，也懂得更多的道理后，他们就会再次变得友好和善，从而健康快乐地成长。

妈妈，要排队哦——社会秩序敏感期

孩子小的时候并不懂得社会秩序，而是一味地任性，想怎么做就怎么做。在三岁半前后进入幼儿园，孩子也正式迈出了走入社会的第一步，因而对社会秩序表现出浓厚的兴趣。当和其他人一样遵守社会秩序，孩子们就会感觉到自己已经成为与他人平等的社会角色，这恰恰是他们潜意识里期望得到的身份认同。

这种情况下，每学会遵守一个社会秩序，孩子们都会觉得非常自豪，也会对遵守社会秩序而乐此不疲。所以，父母要抓住孩子的这个敏感期，对孩子展开社会秩序的教育，帮助孩子遵守社会秩序。

在社会秩序敏感期，孩子明显变得比以前懂礼貌，也更愿意遵守秩序了。尤其是在人多的公众场合，孩子的自我监督能力很强，也更想得到成人的夸赞。

甜甜三岁半了，刚刚进入幼儿园小班。才上了几天学，甜甜还比较抵触。妈妈早早地赶在放学的第一时间去接甜甜。为了缓解甜甜的紧张情绪，也让甜甜变得高兴，妈妈带着甜甜去了超市，还允许甜甜买她最喜欢的冰淇淋吃。

正好是下午，超市里人还比较多，妈妈和甜甜拿着冰淇淋排在队伍的尾巴处，眼看着冰淇淋就要化了，妈妈跑到队伍前面问一位顾客："您好，我就买了一块冰淇淋，能让我先结算下吗？主要是冰淇淋快化掉了。"

那位顾客是个六十多岁的老奶奶，当即答应了妈妈的请求。这时，妈妈发现甜甜的小脸憋得通红，眼睛里还含着泪水。妈妈不知道甜甜怎么了，紧张地问："甜甜你怎么了，是哪里觉得不舒服吗？"

甜甜生气地斥责妈妈："妈妈，要排队，要排队！"说着，甜甜把妈妈拖到队伍的尾巴那里，坚决不让妈妈插队。尽管妈妈向甜甜解释老奶奶已经同意她们提前结账了，因为冰淇淋马上就要化了，但是甜甜还是不依不饶。

无奈之下，妈妈只好把即将融化的冰淇淋放回冰柜里，又拜托超市里的工作人员，等到她们快排到的时候，再帮她们拿新的冰淇淋。

妈妈原本以为甜甜是因为在学校里被老师灌输排队的观念，所以才对排队如此紧张和重视。然而，第二天，妈妈送甜甜去幼儿园的时候，甜甜因为进门的时候没有看到门卫，所以就直接去了负责检查小朋友健康情况的王老师那里。王老师给甜甜检查完手指甲以及口腔、手心部位后，就和甜甜互相问好。

这时，门卫的伯伯出来了，甜甜马上跑到门卫伯伯那里，喊道："伯伯，早上好！"妈妈暗暗想道：甜甜这么有规矩了，这才上了几天幼儿园啊！

回到家里，妈妈和爸爸说起甜甜的表现，爸爸说："甜甜也许到了社会秩序敏感期。这个阶段的孩子特别讲礼貌，就像小大人一样，也很遵守秩序。"

听到这话，妈妈找出关于敏感期的育儿书籍一查，发现甜甜果然是社会秩序敏感期到来了，想着女儿将来就会变成彬彬有礼的小淑女，妈妈非常高兴。

甜甜进入社会敏感期，当然会比以前变得遵守社会秩序，也更有礼貌。其实，每个孩子在从家庭生活进入幼儿园生活后，他们的社会性都会得到发展。在这个阶段，父母一定要配合孩子发展社会敏感，遵守社会秩序，从而推动孩子进一步成为合格的社会人。

当然，要想帮助孩子在社会秩序敏感期里实现良好的学习，养成良好的行为习惯，父母们一定要以身作则，给孩子树立好的榜样。就像事例中的甜甜妈妈一样，虽然她是因为担心冰淇淋化了才去插队，但是对于甜甜而言，她不会区分这种具体的情况，只知道不应该插队，要排队守秩序。孩子的认知能力和理解能力有限，父母要注意避免给孩子起到坏的示范作用，而要尽量遵守秩序，从而对孩子起到言传身教的作用。

而如果孩子不能很好地遵守社会秩序，父母也要及时教育孩子，从而帮助孩子形成正确的"无规矩不成方圆"观念，让孩子对自己具备一定的约束力。

奶奶，这是我的朋友——社会规范敏感期

结交朋友，学会与朋友分享，都是孩子已经进入社会规范敏感期的表现。孩子在进入幼儿园之前，在家里接受父母的呵护和无微不至的照顾，因而渐渐养成了吃独食、不愿意分享的坏习惯。尤其是现在很多孩子都是独生子女，拥有爸爸妈妈、爷爷奶奶和姥姥姥爷的爱，是真正的集万千宠爱于一身，也难怪他们会变成霸道总裁，几乎从不愿意与人分享。但是一旦进入幼儿园，孩子的生活就会发生改变，幼儿园里绝不止一个孩子，每个孩子都要学会与小朋友友好相处。尤其是在面对同一个好玩的玩具时，不懂得社会规范的孩子难免会动手去抢，也会因此遭到老师的批评，被同学疏远。

很多父母都觉得孩子上幼儿园根本没什么用处，也学不到太多的东西，其实孩子上幼儿园最大的目的就是学会与小朋友相处，从而为之后进入小学做好准备。

对于幼儿园的孩子，不管是父母还是老师，都要引导孩子学会分享。要知道，没有孩子会永远生活在父母的呵护和宠爱下，也许孩子现在还小，不需要独立面对一切。当随着年岁的渐渐增长，孩子必然越来越独立，也不得不独自面对生命中的一切。所以与其等到孩子进入社会之后无

法适应，不如在孩子的社会规范敏感期内，启发和引导孩子形成良好的社会规范，这也是为孩子未来走上人生的道路铺垫基础，扫清障碍。

甜甜进入幼儿园小班没多久，就有了自己的朋友。一天放学，奶奶和往常一样去接甜甜回家。路上，甜甜遇到了自己的同学，就挥举着小手向奶奶介绍道："奶奶，这是我的朋友。"奶奶感到非常有趣，当即打趣说："哎呦，甜甜都有朋友啦！还有谁是你的朋友呢？"

甜甜想了想，一本正经地说："黄伊娜和桃子是好朋友，她们不是我的朋友。刘艺璇是我的朋友，我们坐在一起吃饭。"

听到甜甜的解释，奶奶高兴地夸奖甜甜："真棒，甜甜长大了，都交朋友了。上幼儿园好吧，家里都没有朋友，幼儿园里还有朋友，可以一起玩，一起吃饭！"

甜甜点头，说："奶奶说得对"。渐渐地，甜甜越来越喜欢上幼儿园。有一次，甜甜生病了，接连请假好几天，她在家里还不停地嘀咕："我要上幼儿园，我要和小朋友们玩！"

一个周末，甜甜和妈妈一起在小区广场玩，遇到了她的同学琳琳。看到甜甜正在玩的小汽车，琳琳非常眼馋，也想和甜甜一起玩。甜甜当然舍不得，便坚决不让琳琳碰她的小汽车。

这个时候，妈妈问甜甜："宝贝，你在幼儿园里，是不是有玩具要和小朋友们一起分享呢？"甜甜点点头。

妈妈又问："那吃东西的时候，是不是也要和小朋友们一起吃呢？"甜甜又点点头。

妈妈说："既然这样，妈妈觉得你要学会分享哦。现在是在小广场里，琳琳是你的好朋友，你也和琳琳一起玩，一起分享，好不好？"

这个时候，琳琳妈妈也在一旁帮腔："对啊，甜甜，琳琳和你是好朋友啊！"

甜甜听了这些话，说道："那好吧，那我就和琳琳一起玩吧！"

当孩子处于社会敏感期时，是遵循生命的节奏展开生活的。对于那些社会规范学习和掌握不好的孩子，父母还可以借助于各种机会引导孩子更好地遵守社会规范。诸如带孩子一起参加宴会的时候，父母可以告诉孩子要有礼貌，见到长辈必须问好。在宴会开始之后，父母也可以教会孩子餐桌上的礼仪，使孩子成长为人见人爱的好孩子。

总而言之，只要处处留心，父母完全可以找到很多机会启发孩子掌握社会规范，但是需要注意的是，凡事过犹未及，父母在引导孩子的同时也要注意不要强迫孩子。众所周知，孩子是有逆反心理的，如果父母总是对孩子的想法不管不顾，而一味地强迫孩子必须尊老爱幼，必须谦虚礼让，那么最终的结果就是事与愿违，导致孩子与父母的期望背道而驰。所以父母要想成功对孩子展开教育，就要尊重孩子的内心，也要平等对待孩子，这样父母才能得到孩子的理解与信任，也让自己针对孩子展开的教育工作效率倍增。

突然爱上了涂色——色彩敏感期

其实，孩子从出生到一岁前后，看到的都是黑白的世界。到了一岁之后，孩子才开始辨识红色。到了两岁以后，才能辨识黄绿蓝等颜色。等到认识这些基本的原色之后，孩子长到三岁，开始认识符合的颜色，诸如紫色、棕色、褐色。他们觉得很新奇，也觉得自己的世界变得绚烂多彩，因而对色彩空前热情高涨。

　　此外，孩子三岁半前后，会出现色彩敏感期。在色彩敏感期内，孩子对于色彩会非常敏感，如果父母能够抓住这个时间教会孩子区分色彩，那么孩子对于色彩的认知就会更加全面，运用色彩时自然也更加娴熟。很多专家都建议，在孩子的色彩敏感期里，父母不要过于限定孩子使用什么色彩，而要更加注重保护孩子对于色彩的敏感度，而不要随便给孩子限制框架。要知道，当孩子在自由的天性中学会搭配颜色，他们对美的感知也会不断提升。

　　幸好，下面事例中的妈妈没有限制甜甜，也保护了甜甜对于色彩的敏感和感知。

　　三岁半上幼儿园之前，妈妈就给甜甜买了很多涂色的书和彩笔，但是甜甜的涂色表现很差，总是不分颜色地乱涂一气。看着被甜甜涂得乱七八糟的涂色本，妈妈虽然纠正了甜甜几次，但是甜甜依然大笔一挥，涂得都分辨出图形的模样了。后来，妈妈索性不管甜甜了，让她爱怎么涂就怎么涂。

　　三岁半，甜甜去了幼儿园小班，开学才一个多月，妈妈下班回家看到甜甜正在涂色。当她看到甜甜的涂色本涂得非常均匀，而且是按照例图的颜色对应起来涂的时，不由得惊呼起来："甜甜，你的涂色怎么突然之间就涂得这么好了？"

　　为此，妈妈还问在一边陪伴甜甜的爷爷："爸，这到底是你涂的还是甜甜自己涂的？"爷爷告诉妈妈是甜甜自己涂的，妈妈兴奋极了，还用手机把甜甜的涂色作品拍给还没下班的爸爸看。

　　爸爸也很惊讶，感慨道："孩子的进步真是一日千里啊！"为了激励甜甜涂色，妈妈当即又给甜甜买了很多涂色本。甜甜涂得不亦乐乎，每天只要放学回到家里，就在不停地涂色。渐渐地，甜甜的涂色越来越均匀，也很少出边了。

然而，一段时间之后，甜甜就不爱涂色了，而是拿起剪刀把妈妈买的涂色本都一张一张地剪下来，然后再剪成碎片。不管是吃饭还是休息，甜甜都在剪碎纸片，屋子里到处都是花花绿绿的纸片，爸爸妈妈怎么也想不通甜甜为何变化这么大。后来，去幼儿园开家长会时，妈妈把甜甜在家里的表现告诉了老师，老师不由得笑起来，说："甜甜前段时间一定是处在对色彩的敏感期，而现在显然更喜欢剪纸了。对于幼儿来说，他们喜欢怎么玩都好，只要不造成危险，父母就由着他们好了，她们知道自己需要什么。"

果然，妈妈回家经过观察发现，甜甜用剪刀用得越来越熟练。妈妈暗暗想道：不知道一段时间之后，甜甜是否会剪出形状来呢？

为了帮助孩子在色彩敏感期内认识更多的色彩，父母可以带孩子多多亲近大自然，让孩子认识春天的姹紫嫣红，认识夏天的绿意盎盎，认识秋天的一片金黄，也认识冬天的银装素裹。孩子唯有亲自认识和感知色彩，才会加深对色彩的认识，并掌握对色彩的运用能力。

随着对色彩认知的加深，孩子们还会将认知表现在生活中，例如他们不愿意再一味地接受父母的安排穿衣服，而是要选择自己喜欢颜色的衣服穿。这也是孩子运用色彩的一个方面，父母千万不要因为嫌烦，就打击孩子们自己挑选衣服的积极性。对于三到四岁之间的孩子而言，正处于色彩敏感期，父母一定要尊重孩子对于色彩的喜好，多引导孩子认识更多的色彩，也增强孩子对于色彩的鉴赏力。

此外，孩子涂色的过程，其实也在为日后的书写做准备。看起来孩子涂色的时候漫不经心、漫无目的，实际上孩子在涂色的过程中手对于笔的把握更加精准，这也使得孩子将来进行书写水到渠成。

因此，父母要重视孩子的色彩敏感期，给孩子创造更多的便利条件，让孩子们自由运用色彩，描绘绚烂，描绘未来。

你是个可恶的坏家伙——诅咒敏感期

当看着平日里乖巧可爱、懂事且有礼貌的孩子，突然说出让人难以置信的狠话时，父母心里难以接受。一则父母从小看着孩子长大，了解孩子曾经的脾气秉性；二则父母总是情不自禁地把孩子想得完美；三则孩子说狠话毫无征兆，让身边的人根本没有时间进行心理准备。其实，说狠话完全是孩子在成长过程中的正常现象，他们之所以说狠话，只是因为到了诅咒敏感期，并不意味着他们的性情大变。

何为诅咒敏感期呢？所谓诅咒敏感期，就是孩子在三岁时正处于学习语言的初始阶段，因而对于无意间听到的脏话、狠话，他们根本没有辨识能力，所以也就照单全收，然后无所顾忌地用在各种场合。这种情况下，父母如果坚决制止孩子说这些脏话和狠话，反而会使孩子变本加厉，导致情况更加严重。明智的父母会选择忽视孩子的脏话和狠话，从而减轻孩子心中对于恶言恶语的印象，这样孩子对于不甚理解意思的话，也许渐渐就忘记了。

有些孩子心思狡黠，在看到身边的人对他们的话反应强烈时，也许会更加变本加厉，甚至在看到他人的剧烈反应后非常得意。这导致他们更加乐此不疲地说狠话和脏话，初次感受到语言力量的他们，已经不能忽视语言的力量了。对于稍微大些的孩子，也有可能隐隐约约感觉到脏话和狠话是不好的，因而在情绪激动的时候，用不堪入耳的话来表达自己的情绪，甚至以这样的"新鲜话"来与他人开玩笑。这种情况下，父母无需紧张，千万不要把孩子的诅咒看得太严重，也许孩子只是在学着运用语言呢！

转眼之间，就到了寒假，幼儿园也放了假。一天晚上，甜甜玩到很晚，妈妈催促她赶紧睡觉，并且强迫她脱掉衣服进被窝。这时，甜甜突然歇斯底里地喊道："妈妈，你是个可恶的坏家伙，我讨厌你！"听到甜甜咬牙切齿地说出这样的话，妈妈很是惊讶，要知道甜甜一直都是个乖乖女啊，这是怎么了呢？居然说起这么凶恶的话来。妈妈不明就里，也不知道原因，未免郁闷起来。

奶奶看到妈妈失落的样子，安慰妈妈说："没关系的，小孩子小时候都会有这么一段时期，突然说脏话、骂人，也许是在幼儿园里和其他小朋友学的呢。不要放在心上，孩子根本不理解这些话的意思，说不定过几天就完全忘记了。"奶奶的话提醒了妈妈，她当即想到应该求证其他孩子有没有这样的情况。后来上网一查，又进入几个知名的妈妈论坛问了问，发现孩子在四岁前后都会出现诅咒敏感期。

没过几天，不明就里的爸爸又中枪了。周末，爸爸要带甜甜去游乐场玩，但是要求甜甜必须先把早饭吃完才能出发。甜甜不乐意，坚持要马上出发，但爸爸不妥协。这时，甜甜突然龇牙咧嘴地对着爸爸喊道："臭爸爸，我再也不喜欢你了！"爸爸惊讶地看着平日里温和有礼的甜甜，半天合不拢嘴。没过几天，甜甜因为和小客人吵架，居然对小客人说："我要杀了你！"眼看着甜甜的诅咒愈演愈烈，妈妈担心不已，不知道这种发狠的情况什么时候才会彻底消失。

通常情况下，等到诅咒敏感期过去，孩子对于诅咒的话就不会那么感兴趣了。因而，父母一定要保持理智，对待孩子的诅咒敏感期，不要以激烈的反应加重孩子不当的言行，而是要以冷处理的方式处理。在教育孩子的过程中，冷处理在很多时候都会起到不错的效果。此外，父母还要寻找孩子学会说脏话的源头。所谓从根本上解决问题，也就是要让孩子没有模仿的对象。诸如有些孩子是与家里的老人学会说脏话的，或者是在与父母去人多的场合玩耍时，无意间听到的。这种情况下，父母就要注意为孩子营造良好的语言环境，包括在观看电视节目的时候，也要避免孩子受到不好的影响。很多孩子不知不觉中就学会了说脏话，那么父母千万不要以恶言恶语回应孩子，否则孩子就会因为学习父母的诅咒式回应，变得变本加厉。父母可以以平静的态度回应孩子好言好语，或者在孩子说出值得赞许的话时，及时表扬孩子。这样一来，孩子意识到说好话会得到父母的赞许，自然会倾向于说好话。而且，父母的赞扬也会让孩子心甘情愿地改掉说脏话、狠话的坏习惯。

父母一定要重视孩子的诅咒敏感期，也要努力陪伴孩子尽快度过诅咒敏感期。否则孩子一旦形成不好的语言习惯，不但会导致无法与人沟通，也会导致人际关系恶劣。人们常说，语言是人心灵的折射，父母要净化孩子的生存环境，也要净化孩子的心灵。

爸爸，我要和你结婚——婚姻敏感期

现实生活中，很多五六岁的孩子都会说出要和爸爸、妈妈、爷爷、奶奶甚至是老师结婚的话。乍听起来，貌似是孩子太过于早熟了，父母也常常因此变得很紧张，不知道孩子的小小脑袋瓜里到底在想些什么。实际上，孩子并非早熟，而是因为到了婚姻敏感期。很多孩子都有婚姻敏感期，这完全是孩子成长过程中的正常现象，父母无需惊慌，更不要大惊小怪，从而给孩子带来紧张的情绪。

原本，孩子渴望婚姻，就是觉得婚姻美好，而父母不当的反应，会使孩子对自己渴望婚姻的感情产生怀疑，甚至误以为婚姻是非常不好的。这样当然会伤害孩子的感情，也扰乱孩子在敏感期内的发展。所谓婚姻敏感期，其实是孩子通过长期的观察，开始形成对婚姻关系的认知。孩子从呱呱坠地开始，就接受父母无微不至的照顾，也对父母非常依赖。到了三四岁以后，孩子渐渐形成自我意识，也认识到自己的性别角色，因而他们最先产生好感的人就是父母。这种情况下，性别意识发展不完善的孩子，也许会选择和同性的父母、长辈等亲密的人结婚，而性别意识发展好的孩子，就会知道要和异性结婚，因而会选择与异性的父母、长辈等亲密的人结婚。以下事例中的甜甜，就是因为非常崇拜爸爸，所以要和爸爸结婚。

转眼之间，甜甜已经五岁，读幼儿园大班了。每天看着甜甜的变化，爸爸妈妈似乎能够感受到她的成长，她是那么可爱聪明。然而，有一个周末，妈妈带甜甜出去玩的路上，遇到了一个婚车的车队，甜甜马上问妈妈："妈妈，这是不是在结婚？"

妈妈惊讶地说："你这个小妞，居然都知道结婚这个名词啦！"甜甜不理会妈妈的逗弄，接着说："妈妈，我也想结婚。"这句话把妈妈吓到了，暗暗想道：如今幼儿园的孩子都这么早熟了吗？为了探明真相，妈妈赶紧问甜甜："你要和谁结婚呢？"

甜甜斩钉截铁地说："爸爸！"

妈妈忍俊不住哈哈大笑起来，问甜甜："甜甜，爸爸哪里好呢？你为什么要和爸爸结婚？"

甜甜一本正经地说："爸爸能保护我，还给我买好吃的，买漂亮的衣服。我喜欢爸爸，我要和爸爸结婚。"

事例中，甜甜表现出对于爸爸的亲密依恋关系。面对这样看似"不正常"的关系，有些父母过于紧张，马上会想到西方国家的恋母情结、恋父情节等。实际上，当孩子渐渐长大，他们生活的圈子里不但有父母，也会出现同学、老师等更多的人，他们对于父母的依恋就会渐渐减弱，而更多地关注身边的其他人。到了这个阶段，孩子的结婚对象不再是父母，而有可能是班级里的某个同学。实际上，他们对于婚姻的渴望，依然不代表他们真正了解爱情和婚姻，而只是因为他们对性别意识的增强，所以很容易对异性产生好感而已。想和一个人结婚，对于孩子而言，就像说喜欢某个人一样，是再正常不过的情感表达。

父母要知道，孩子的心思很单纯，他们并不了解成人的世界，因而父母也不能以成人世界的各种观点和思想去揣测孩子。父母要相信孩子的内心非常美好，也要相信孩子表达感情都是顺其自然的。所以对于孩子萌生出的结婚想法，父母要坦然面对，从而给予孩子正确的引导。很多父母在听到孩子说出结婚的话时，总是如临大敌，或者刻意回避孩子。其实，这个问题无需回避，父母完全可以坦然告诉孩子，只有相爱的人才能在一起，也要告诉孩子爸爸妈妈就是因为相爱才在一起生活的。这样一来，孩子就会知道相爱才能结婚，也理解了爱情是婚姻的前提条件。

有些父母在看到孩子小小年纪就开始谈婚论嫁时，未免觉得好笑，甚至情不自禁流露出轻视和嘲笑孩子的神情。要知道，孩子很在乎父母对他们的言行举止，父母的态度很有可能影响孩子成年后对于婚姻的选择。所以，父母哪怕心中再觉得孩子呆萌可爱，也不要表现出来，而要尊重孩子对于婚姻的理解。为了帮助孩子形成正确的婚姻观，父母首先应该恩爱，为孩子营造良好的家庭氛围。很多孩子从小生活在畸形的家庭里，或父母离异，或父亲酗酒殴打母亲，或者母亲对家庭造成伤害……这些都会导致他们长大之后对婚姻心有余悸，更不敢敞开心扉迎接婚姻的到来。父母无需担心孩子过早地说起结婚会有什么不良影响，因为随着孩子渐渐长大，他们既不会和爸爸妈妈结婚，也不会和幼儿园或者小学同学结婚，他们必然会奔着心目中最理想的婚姻而去，最终找寻到属于自己的幸福。

让人抓狂的十万个为什么——求知敏感期

孩子喜欢问为什么，是好奇心的表现，也是孩子进入求知敏感期的表现。六岁之前，孩子比较关注自己的世界，对于外部的世界不那么好奇，也没有充满探索的精神。六岁至九岁，孩子正处于求知若渴的阶段，所以不管看到什么，他们都想一探究竟，这种情况下，父母理所当然地承担起帮助孩子答疑解惑的重任。不可否认，对于孩子神奇的小脑瓜里想的那些问题，父母有的时候也不知道答案。需要注意的是，这个时候千万不要搪塞孩子，因为孩子终有一天会知道正确答案，也会知道你对他敷衍和搪塞的态度。

实际上，孩子爱问问题恰恰说明孩子勤于思考，也对这个世界充满好奇。如果孩子只是看到什么而不思考，那么他们是很难提出问题的。所以孩子爱提问题，意味着他们想要更加深入地了解世界。由于孩子还没有经过系统的学习，他们对于生活中的很多现象自然难以理解，这就催生了他们的"十万个为什么"。

有些父母对于孩子的提问很不耐烦，这很容易导致孩子的求知欲受到伤害，甚至以后都变得懒散，也不愿意勤学好问了。面对孩子的提问，明智的父母应慎重对待，对于自己知道的言无不尽，对于自己不知道的，就明确告诉孩子"爸爸妈妈也不是全能的"，然后和孩子一起寻找答案。这不仅是对孩子提问负责的态度，而且也能够培养孩子主动探究、寻找正确答案的优秀品质和精神。

每次开车带着明明回千里之外的姥姥家时，妈妈都要装睡一路，从而避免明明对她唠叨不休。这样一来就苦了爸爸，在明明十万个为什么的轰炸中，爸爸不止一次因为分心回答明明的问题而走错高速路线，绕了不少冤枉路。这不，爸爸刚刚又走错路了，必须往前多走20多里路，才能回到走错的地方。为此，爸爸喊闭目假睡的妈妈，一本正经地说："如果你想早点到家，从现在开始要么你来开车，要么你负责回答明明的问题，总而言之，你不能睡觉，更不能把这两个艰巨的任务都让我独自承担。"妈妈从未在高速路上开过车，当然不能开车，所以就只能瞪大眼睛，开始回答明明的十万个为什么。

外面闪过一块广告牌，明明马上问："妈妈，那是什么？"

妈妈回答："广告牌。"

明明："广告牌有什么用处呢？"

"给别人做广告用的。"

"什么人会做广告，咱们家做不做广告？"

"咱们家不用做广告，做生意的人才会做广告。"

明明继续不依不饶："咱们家为什么不做生意？"

妈妈："爸爸这么老实，怎么做生意啊！"

明明："不老实的人才能做生意吗？"

妈妈："也不是，做生意的也有老实人，但是要有好的想法，好的产品，这样才有利润。"

明明："什么是利润？"

妈妈："利润就是赚的钱。"

明明："你和爸爸的工资是利润吗？"

妈妈："不是，我和爸爸的工资都是辛苦工作的辛苦钱，不是利润。利润就是你一块钱买来一个东西，然后两块钱卖掉，赚到的一块钱就是利润。"

"哦，我明白了，你和爸爸的劳动不是你们买来的，是天生的。那么，你和爸爸不能买东西再卖出去吗？"

一路下来，妈妈简直要崩溃了，更有很多次险些被明明难住……

古今中外，很多伟大的发明家和科学家都勤学好问，例如爱迪生小时候总是勤学好问，有着不达目的不罢休的精神。幸运的是，爱迪生有一个特别有耐心而且知道如何对待孩子提问的妈妈。每次爱迪生提问，妈妈都会竭尽所能回答爱迪生，不仅打开了爱迪生智慧的心灵，也激励爱迪生在科学道路上不断探索。

由此可见，一个人是否成才，是否能够养成勤学好问的好习惯，与他们的第一任老师——父母回答与引导他们的方式密切相关。父母必须意识到，孩子提出的不是问题，而是打开知识奥秘的钥匙。

那么，面对勤学好问、有着十万个为什么的孩子，父母应该怎么做呢？

首先，对于孩子的提问，父母不要觉得厌烦，而要积极地鼓励孩子再接再厉，开动小脑筋继续思考下去。很多时候，对于孩子而言，父母的一句认可和鼓励就能给予他们最大的力量。

其次，回答孩子的问题时，父母不要为了所谓的尊严，导致面对不会的问题也不懂装懂。这样不但会误导孩子，也会打击孩子提问的积极性，使得孩子再次提问的时候觉得兴致索然。

最后，父母在与孩子一起探讨问题的时候，还要积极地启发和引导孩子，开拓孩子的思路，帮助孩子举一反三，这样孩子才能取得巨大的进步，也能从父母那里学习到更多的知识和经验。尤其是在给孩子讲道理的时候，父母不要讲那些空洞的大道理，而要把道理引申到孩子身上，从而让孩子得到更深刻的启发。古人云，处处留心皆学问，其实父母只要对孩子多多用心，就能有效地引导和启发孩子成长。

第四章
成长过程中不得不经历的难堪事，
　　　助力孩子成长

每个孩子在成长的过程中都不可能是一帆风顺的，尤其是当他们处于各种不同的人生阶段时，更会遭遇各种各样的难堪事。其实，这对孩子的成长而言是完全正常的，父母也没有必要觉得尴尬。正如一首歌里所唱的：不经历风雨，怎能见彩虹，没有人能随随便便成功。对于孩子而言，也是如此，每个孩子的成长都要经风历雨，走过泥泞坎坷，才能迎来阳光，走上坦途。

不是偷窃的"偷窃行为"

低龄的孩子没有物权的概念,他们不知道东西的归属,所以总是因为不管不顾地拿起其他小朋友的东西而引发冲突。尤其是在幼儿园里,小朋友更是因为一起玩玩具或者分享美味的食物等,引起纠纷,因为总有些孩子肆无忌惮地拿起他人的东西。

实际上,作为父母,应该理解这是因为孩子不懂得物权归属导致的,他们看似是在强占他人的物品,甚至是悄无声息地偷走别人的物品,实际上只是不知道那个东西是他人的,而觉得"东西就在那里,我需要就去拿"这么简单。看到这里,我们不由得为孩子的单纯而感到有趣。实际上,孩子就是这么简单。只有随着年纪的增大,他们才渐渐意识到"这个东西是我的"。当然,他们依然先意识到"这个东西是我的",才会渐渐地意识到东西是他人的。

琪琪现在最懊悔的一件事情,就是当初怂恿爸爸妈妈要了小妹妹。从五岁开始,琪琪就缠着爸爸妈妈再生一个小宝宝,每次到了公园里,看着别人家里几个月的小宝宝,琪琪简直都走不动道了,她做梦都希望再有一个小弟弟或者小妹妹。

琪琪七岁那年,妈妈终于有了二胎。琪琪八岁生日过去没多久,小妹妹玥玥就出生了。原本,琪琪是更想要个小弟弟,既然命运安排她又有了一个小妹妹,那么她也欣然接受了。玥玥小时候,琪琪和玥玥还能相安无事。

随着玥玥渐渐长大,她也越来越顽皮,常常把姐姐气得七窍生烟。这不,趁着琪琪上学的白天,玥玥在家里翻箱倒柜大闹天宫了。三岁半的她正是顽皮的时候,而且对姐姐的房间充满了好奇。趁着妈妈没留意,她就钻进姐姐的房间,拿起姐姐桌子上的贴画,并且把整个家里粘得到处都是。等到妈妈发现的时候,玥玥早已造反完毕了。琪琪回到家里,气得大吼大叫,这个贴画是限量版,还是她特意用心爱的东西和其他同学换来的呢。琪琪坚持说玥玥是小偷,原本妈妈也是主张要批评玥玥的,但是看到琪琪把玥玥定性这么严重,妈妈不由得为玥玥伸冤:"琪琪,你这么说太过分了。玥玥还小,她根本不知道东西是你的还是她的,她只是想要什么就去拿而已,这与有预谋的偷窃是完全不同的。"

琪琪还是气鼓鼓的:"那我是不是也可以装作东西不知道是谁的,就随便拿别人的东西呢?"

妈妈有些生气地说:"当然不可以,因为你已经过了不知道区分东西归属的阶段。你小时候也和玥玥一样,妈妈都很包容你,妈妈希望你也能包容小妹妹。"在妈妈苦口婆心的劝说下,琪琪终于消气了,但是她还是说:"玥玥,你是个不是小偷的小偷!"听到琪琪拗口的描述,妈妈无奈地笑了。

对于小小年纪的玥玥而言,她还没有物权的概念,因而她是否占有一件东西完全是凭着自己的喜好,而根本不在乎他人的感受。她经常无意识地做出"偷窃"行为,而这与有预谋的偷窃截然不同。对于孩子的这种行为,父母当然可以理解,但是作为姐姐,琪琪却无法理解。她虽然一心一意地盼望着小妹妹的到来,但是显然小妹妹的降生还是不可避免地扰乱了她的生活。无奈之下,琪琪只好指责玥玥是"不是小偷的小偷"。这样的定义尽管拗口,却也表现出琪琪的无可奈何。

要想让孩子真正准确区分哪个东西是自己的，哪个东西是他人的，而且意识到他人的东西必须经过同意才能拿，这是需要一个过程的。其实，父母在日常教养孩子的过程中，也可以经常有意识地培养孩子这方面的经验。例如，孩子要从父母那里得到东西，就要得到父母的同意，然后才能拿走。很多家庭里，孩子都是独生子或者独生女，因而他们总是觉得一切东西都理所当然归自己所有，这种情况下，他们与其他小朋友相处时也会理所当然觉得其他小朋友的东西也归他所有。父母尽可以疼爱孩子，但也要教会孩子规矩，这样孩子才会规规矩矩地成长，也才能变得懂礼貌，友好地与人相处。否则一旦孩子不知不觉成长为小霸王，他们就会处处招人讨厌。

尿床、尿裤子了，怎么办

当孩子突然出现尿床表现时，父母千万不要加重孩子的心理负担，而应该帮助孩子舒缓情绪，从而减轻孩子的紧张，这对于平复孩子的情绪是有很大好处的。如果父母对于孩子的尿床行为大惊小怪，那么孩子必然更紧张，就会导致其尿床加重。尤其是对于稍大一些的孩子而言，诸如有的孩子七八岁，甚至十岁了，偶尔还会尿床，那么父母要做的就是无视他们的尿床行为，默默地为他们收拾好被褥。这样才能保护孩子的自尊心，避免孩子因为尿床而变得敏感自卑。

为了让孩子缓解尿床的情况，父母可以引导孩子在入睡前养成排尿的好习惯。例如，有的孩子说睡就睡着了，一旦进入深度睡眠状态，他们在睡梦中哪怕觉得尿意十足，也很难清醒地起床撒尿。这种情况下，膀胱为了自保，只好擅自排尿，这也就直接导致尿床。如果孩子在入睡前能先排空小便，或者只要不是睡前喝了太多的水，大多数孩子都能睡到天亮再起床撒尿。如果孩子入睡前喝水太多，或者喝了牛奶等，那么父母也可以定一个夜间的闹铃，专门喊醒孩子起床撒尿。这样一来，孩子就避免了尿床行为，也不会因此感到自卑了。

桃子三岁半进入幼儿园小班，原本在家里已经能够自主大小便的她，进入幼儿园一个多月，却出现了尿床行为。而且在幼儿园的时候，桃子也经常憋不住尿，尿在裤子里。她最高的纪录是一天尿湿了五条裤子，而妈妈不得不专门从单位请假，去幼儿园送裤子。最让妈妈发愁的还是晚上，桃子经常隔一两天就尿湿被褥一次，导致妈妈几乎每天都在洗床单，这一床洗完了还没干呢，那一床又已经湿透了。思来想去，妈妈决定采取措施，不然桃子的小便就彻底不正常了。

一开始，妈妈怀疑桃子得了尿路感染，因而带着桃子去医院检查了三次小便，每次的结果都显示桃子的小便很正常，根本不是尿路感染。后来，正值国庆假期，妈妈认真观察，发现桃子的行为出现异常。以前，桃子每一泡尿都很多，而且间隔时间很长，桃子经常两个多小时才撒尿一次。从一岁半之后，桃子几乎不起夜，能够一觉睡到大天亮才起床撒尿。但是现在，桃子白天出现尿频，经常是刚刚尿完，只要喝了一口水，马上又去撒尿，坐到马桶上却又尿不出来。等到桃子再去频繁撒尿时，妈妈就告诉她："桃子，要等有尿了才去尿。"

每当这时，桃子总是带着哭腔说："喝水必须撒尿，老师说，喝水必须撒尿。"妈妈一下子茅塞顿开，原来桃子是听了老师的话，才导致精神紧张，出现尿频现象的。为此，妈妈在假期结束后，特意和老师沟通，拜托老师不要继续强调喝水撒尿这件事情，以免给桃子加重心理负担，老师也很配合。渐渐地，桃子的尿频现象和尿床行为都有所好转，妈妈悬着的心才渐渐地放下来。

初入幼儿园，小朋友难免会精神紧张，又因为害怕老师，有很多小朋友有了尿尿都憋着，到了憋不住的时候，就会尿湿裤子。当尿湿裤子的小朋友多了，或者某个小朋友总是尿湿裤子，老师又会频繁地提醒小朋友们撒尿，或者向小朋友们强调喝水必须撒尿。这样一来，有些把老师的话当圣旨的小朋友，难免会出现因为精神紧张导致的尿频。上述事例中，妈妈先是排除了桃子是尿路感染导致尿频，随后又细心观察桃子的行为表现，最终确定桃子就是因为老师多次强调喝水撒尿，导致对撒尿问题产生了错误的认知，也导致严重尿频，撒尿异常。

孩子白天处于这么紧张的精神状态，晚上自然会出现尿床的现象。很多父母对于孩子尿床都存在一个误区，觉得孩子尿床就是尿路有感染，殊不知，心理学家经过研究发现，大多数孩子的尿床行为都与精神状态息息相关。

总而言之，经常性地尿床不但影响孩子的身心健康，还会导致孩子变得自卑。父母既要重视孩子的尿床问题，想出有效的方法帮助孩子，也要学会无视孩子的尿床行为，从而给孩子留面子，帮助孩子健康成长。对于年纪比较小的孩子，尿床其实是生理性的；随着他们渐渐长大，尿床的行为会有所好转，所以父母无需过于紧张和担忧。

家里的墙壁变成了大花脸

孩子在三到四岁之间,会进入色彩敏感期,因而会很迷恋涂色。其实,早在三岁之前,孩子从一岁半前后就已经能够涂鸦了。只不过一岁半左右的孩子,手只能以手肘为轴心进行左右运动,所以他们的涂鸦也大部分都是左右滑动的线条。随着年岁渐长,孩子们才渐渐学会画更多的形状。不过直到八九岁之前,孩子们都很难进行写实的绘画。所以在此期间,孩子的画作都可以称之为涂鸦。在绘画敏感期里,孩子们会变得疯狂热爱画画,他们乐此不疲地画着,甚至不需要太多的颜色,而只需要一只颜色单一的笔而已。他们沉浸在自己的世界里,不在乎自己画得好不好,他们只是遵从自己的内心,画出自己想画的。

对于低龄幼儿而言,当看到自己手中拿着笔在画面上留下绘画的痕迹,他们会觉得非常兴奋,甚至尖叫。他们看到了线条的变化,也能从中感受到深刻的乐趣。他们并不一定要画在纸张上,而是在随便什么地方都会画。正是基于孩子的这种天性,很多早教机构都有专门的涂鸦墙供给孩子们涂鸦,甚至有些细心的爸爸妈妈,也会在家里留下一面涂鸦墙,这样孩子们就可以尽情发挥创造性了。看到这里,相信那些抱怨孩子把家里的墙壁变成大花脸的父母们,一定不会继续责备孩子了吧。不如反问自己:为何没有尽早为孩子准备一面涂鸦墙呢!其实现在也不晚,因为孩子的涂鸦行为会持续很长时间,所以有心的父母哪怕现在才发现孩子就是喜欢涂鸦,也完全可以为孩子准备一面涂鸦墙。

人的天性就是追求自由自在,这一点同样表现在孩子的绘画才能上。

九岁之前,几乎没有孩子愿意模仿他人的画作,或者是画出实物。他们最大的乐趣就是肆无忌惮地绘画,也从而让自己的思绪自由飘荡。因而对于这个时期的孩子,父母千万不要试图规范他们的画作,或者让他们学习什么技巧,否则孩子绘画的热情和天性就会受到伤害,甚至他们无法画出属于自己的画。

蜜蜜才两岁,就已经成了家里的破坏大王。作为小女生,她倒是没有像很多男孩一样把家里能拆的东西都拆掉,但是她几乎整日都拿着一支画笔,就像真正的画家那样随时随地迸发出灵感,逮住哪里画在哪里。家里新装修的房子,才不到半年时间,就被蜜蜜画了个遍。为此,妈妈懊悔不已:早知道我生了个画家,当初就先不装修了,等到画家不会到处随便乱画的时候,我再装修也来得及啊!

从此,妈妈称呼蜜蜜为小画家,蜜蜜显然很喜欢这个称呼。每当妈妈这么叫她的时候,她就咧开嘴巴冲着妈妈笑。这种情形一直持续到蜜蜜四岁半,这个时期的蜜蜜终于懂事一些了,也能够控制自己在纸上画画,妈妈这才找了装修公司,又把家里的墙壁重新粉刷了一遍。

有小孩的家庭,其实装修的时候要考虑到小孩子涂鸦的天性。如今有专门的涂鸦墙,父母完全可以为孩子准备一面这样的墙壁,这样孩子就无需到处乱画。如果不能设计出一面涂鸦墙,父母还可以为孩子准备块大大地易擦洗画板,这样孩子也可以找到宣泄的途径,发泄自己对于绘画的热情和天赋。

总而言之,面对孩子高涨的绘画热情,父母唯一不能做的就是禁止和限制。要知道,孩子处于绘画敏感期,最渴望的就是信手涂鸦,父母要尊重孩子的天性,而不要随意限制孩子。

有很多父母都觉得孩子可以等到长大了再作画，其实孩子的身心发展是有一定规律的。每个特定的成长阶段，孩子都会有自己喜欢做的事情，父母要做的就是保护孩子的天性，让孩子遵循天性发展，而不要禁锢和限制孩子的天性，使得孩子错过做某件事情的最佳时机。所以爸爸妈妈们，不要再心疼家里的墙壁了。如果能培养出一个天才的绘画儿童，那几面墙壁又算什么呢？当然，艺术上的造诣除了后天的勤奋努力之外，很大限度上还取决于孩子的天赋。父母如今要做的就是让孩子发挥天性自由表现，等到确定孩子是否有天赋之后，再有的放矢培养孩子也不迟。孩子的成长是一个慢慢持续的过程，也是转眼即逝的，父母一定要珍惜孩子年幼的时光，让孩子绽放最真实自然的自己。

把所有能拆的东西都大卸八块

和安静温柔的女孩相比，男孩显然更喜欢拆卸东西。这与男人天生精通机械有关系，是男人的天性。男孩虽然还小，但是也表现出了明显的男性特征。早在远古时代，男人就负责外出狩猎，女人则负责在家里操持家务，所以男人天生更具有征服欲。就像人们常说的，车是男人的情人。的确，驾驶着一个硕大的铁家伙在道路上奔驰，是能够点燃男人血液中的狂野、奔放和强烈的征服欲的。所以男人爱车，车也是男人最大的玩具，同时也是男孩的玩具。当然，男孩是不可以开车的，所以他们就把注意力转移到自己能驾驭的那些小机械上，诸如闹钟、挂钟、汽车模型、手枪模型等。

对于男孩而言，拆卸是了解一件物品内部构造最直截了当也是最好的方式。当男孩处于拆东西的兴趣中时，父母一定不要制止男孩满足自身的欲望，而是要找一些不那么重要的机械给男孩拆。这样，男孩才能满足自己的欲望，才能对这个世界充满探索欲和征服欲。这对于男孩未来的成长是很重要的。

难道男孩子天生就喜欢机械吗？这已经是妈妈这半年时间里买的第八个闹钟了，但是依然无法摆脱被阳阳拆得七零八落的噩运。从六岁开始，阳阳就迷恋上拆东西，他几乎把家里所有能拆的东西都拆了，例如挂钟、废弃不用的手机、闹钟、爷爷的老花眼镜、奶奶的按摩仪等。遗憾的是，小小年纪的阳阳只有拆卸的能力，没有组装的能力，所以不管什么东西只要一经过阳阳的手，就变成了一堆废弃的零件，根本找不到自己原本的位置。

有一次，阳阳居然拿起螺丝刀，开始拆家里的电风扇。这可是大家伙啊！已经容忍阳阳把家里所有的小物件都拆坏的妈妈，实在忍不住了，大吼道："好啦！小祖宗，别拆了，屋顶都快被你拆掉了。"

阳阳受到惊吓，不敢继续行动了，爸爸看到阳阳拿着螺丝刀落寞的样子，当即表示支持阳阳："没关系，阳阳，继续拆吧，拆坏了爸爸再买。要是你长大以后成为发明家，这些东西算什么呢！"

得到爸爸的鼓励，阳阳当即拿着螺丝刀开始动手，三下五除二就把电风扇的面板拆掉了。看着电风扇里面是精细复杂的构造，阳阳觉得很高兴，因为一直以来他对拆卸那些毫无挑战性的东西已经厌倦了。阳阳不知道，爸爸此刻正紧张地站在一旁给他当助手呢，一则爸爸要把阳阳拆掉的零件都收集起来，二则爸爸也要亲眼见证阳阳拆卸的过程，一会儿等他过了拆卸的瘾，爸爸还要把电风扇再组装起来呢。

家里有一个整日拿着螺丝刀四处拆东西的孩子，真让妈妈提心吊胆。一则螺丝刀是很尖锐的东西，很容易伤害孩子；二则家里的东西都是花钱买来的，这个只管拆不管安装的小家伙简直就是败家啊！然而，有的孩子就是喜欢拆拆拆，他可不管东西是多少钱买来的，也不管拆完以后如何安装，反正眼下他的兴趣就是拆卸。

当然，为了培养孩子的动手能力，也让孩子的拆卸水平更上一层楼，父母还可以引导孩子尝试着组装拆掉的东西。毫无疑问，相比拆卸，组装的难度更大，对于孩子而言也是一项挑战。父母唯有更好地引导孩子，让孩子勤于动脑，勇于突破困境，孩子的拆装水平才能更上一层楼，且会从拆卸和组装的过程中学到更多的知识，积累更多的经验。

不害羞的孩子是厚脸皮吗

这个世界上没有两片完全相同的树叶，同样的道理，这个世界上也没有两个完全相同的人。有的人性格腼腆，从很小的时候就懂得害羞，而有的人性格大方，所以哪怕面对很多人，也不觉得羞怯。他们不卑不亢，坦然表现自己，也为自己赢得更多的机会。

有的父母因为孩子害羞而发愁，有的父母则因为孩子不害羞而发愁。其实，害羞并不是一件好事情，而人来疯或者有助于人际关系，但也会招人反感。所以，孩子害羞与否要适度，唯有适度才能起到最好的效果。

作为父母，千万不要给不害羞的孩子冠以厚脸皮的称号，这样会伤害孩子的自尊心，也会让孩子变得无所适从。记住，每个孩子都是这个世界上独一无二的个体，不管孩子害羞与否，他都是降临人世的天使。要想引导孩子不卑不亢、落落大方，父母就要对孩子多多用心，尤其要重视孩子的教育问题。

自古以来，中国人总是比较内敛，不好意思把很多感情表达在外，也因此导致了各种误会的产生。随着西方国家的先进思潮涌入中国，国人的思想也渐渐开放，终于能够坦然表达自己的内心。在这种情况下，父母教育孩子也要与时俱进，这样才能教育出符合新时代要求的优秀孩子。

乔乔已经八岁了，按理说应该到了害羞的年纪，但是乔乔却毫不害羞。每次家里来了客人，或者有机会当着全班同学和老师的面进行表演，乔乔总是把手举得高高的，主动争取得到机会展示自己的才艺。

有一次，家里来了客人，才学钢琴不久的乔乔非要给客人弹奏一个简单的曲子。因为生疏，乔乔的曲子演奏得很不流畅，但他却沾沾自喜，演奏完之后就站在那里等着客人表扬他。客人满足了乔乔的心愿，给予了乔乔极高的赞赏，乔乔高兴极了。

等到乔乔离开客厅，妈妈有些不好意思地对客人说："不好意思啊，孩子脸皮厚，不害羞，真是献丑了，他才刚刚开始学钢琴。"客人听到妈妈这么说乔乔，赶紧纠正妈妈的说法："孩子不是脸皮厚，而是爱表现。他的表现欲很强，这是一件好事，至少他不会因为自卑而怯场。尤其是现代社会，酒香不怕巷子深的时代俨然一去不复返了，因而孩子爱表现很好，至少能为自己争取到更多的机会。"

听了客人的话，妈妈也意识到自己对乔乔的评价不妥，随后连连点头表示对客人的观点的认可。

需要注意的是，很多父母看到孩子不害羞，就盲目谦虚。例如，当有人夸奖孩子非常勤奋的时候，父母明明知道孩子很勤奋，却偏偏要表示否定，口中不停地说着："哪里，哪里，他也很懒惰。"父母也许表现出了自己谦虚低调的高姿态，却没想到这些话被孩子听到，会使孩子误以为他们在父母的心中就是这样的人，因而变得颓废沮丧，不愿意继续努力。

试想一下，对于父母而言，这样的谦虚代价有多大。现代社会已经不提倡盲目谦虚了，如果孩子真的很努力，而且在当着孩子面的时候，对于他人的褒奖，父母完全可以坦然接受："是的，他的确很勤奋，每天都主动完成作业，几乎不用我们操心和督促。有这样的孩子，我们也真的很省心。"可想而知，听完这番话，孩子必然会沾沾自喜，也会提高对自己的要求，让自己真正如同父母所说的那样优秀和勤奋。人们常说，好孩子都是夸出来的，此话完全正确。假如父母想让孩子变得如同父母所期待的那样，那么就要经常夸赞孩子，从而给孩子鼓劲，让孩子充满自信。

总而言之，面对不害羞、表现欲强的孩子，父母既要告诫孩子避免骄傲，也要让孩子落落大方，不卑不亢，有一说一，有二说二，从而给予孩子正确的评价。

不爱交际的孩子是自闭症吗

很多父母都是望文生义，对于喜欢活动的孩子就怀疑孩子有多动症，对于不喜欢交际的孩子又怀疑孩子有自闭症。其实，不管是多动症还是自闭症，远远不像父母所想的那么简单。一旦被判定为多动症或者自闭症，就不仅仅意味着孩子的行为出现异常，更意味着孩子的脑部发育或者精神出现异常，所以父母千万不要给孩子贴上多动症或者自闭症的标签。否则，一旦让孩子认定自己就是多动症或者自闭症，他们的行为表现只会变得更严重,而不会有丝毫好转。

　　毋庸置疑,每一个父母都希望自己的孩子健康活泼,善于与他人相处,也能处处受人欢迎。然而,现实情况下,有很多孩子都喜欢当"独行侠",而不喜欢与同学们扎堆在一起,这到底是为什么呢?虽然不爱交际的孩子未必是自闭症,但是他们的性格肯定是孤僻的。对于这样的孩子,父母要及时引导他们与小朋友相处,而不要任由他们继续活在自己的世界里。

　　正所谓人如其名,听到静静这个名字,大多数人脑海中就会马上出现一个文静孱弱的小女孩形象。实际上,静静也正是这样的孩子,她总是非常安静地坐在某个地方,性格内向沉稳,也非常敏感,还带有一些自卑的情愫。

　　每次学校里举行集体活动,老师在班级里号召同学们参加时,静静都恨不得变成一个隐形人,让老师和同学都不要注意到她。她最喜欢安安静静地待在某个角落里,充满警惕地打量着周围的情况。而且,她也很少参与班级的活动,总是喜怒不形于色,哪怕同学们全都兴奋不已,她的脸上也依然挂着淡淡的表情,似乎她只是班级的旁观者,而不是班级的一份子。

　　大多数家里住得近的同学,上下学的路上经常结伴而行,一路上有说有笑,不知不觉就到家了。唯独静静不愿意和同学结伴,她总是一个人当"独行侠",哪怕回到家里,和父母之间的沟通也很少。遇到左邻右舍,她也是一低头就过去了,从来不会主动和邻居打招呼。在静静小时候,妈妈觉得她是因为害羞,才自我封闭,不愿意与外界接触,而现在随着静静渐渐长大,妈妈意识到她特别不喜欢交际,不由得担心起来:静静是有自闭症吗?

其实，有很多孩子并非天生性格孤僻，而是在成长的过程中因为生活环境的限制，才变得越来越孤僻的。众所周知，自从20世纪80年代开始推行计划生育为基本国策开始，直到这几年，才渐渐放开生育政策。这意味着在长达30多年的时间里，大家一直坚持只生一个好，所以直接导致如今出现双独家庭继续要一个孩子的现状。在漫长的成长过程中，独生子女得到父母、爷爷奶奶、姥姥姥爷的疼爱，真正集万千宠爱于一身。对于孩子的任何要求，家人也总是一味满足，孩子渐渐就会形成唯我独尊的心理，根本不把他人放在眼里。也因为各种要求都被无限度满足，他们已经不适应与其他小朋友分享，而是陶醉于父母和长辈的溺爱之中。

渐渐地，孩子们变得越来越孤僻。而等到最早一代的独生子女长大，结婚成家，他们又理所当然地认为孩子应该只生一个。

可想而知，对于双独家庭的独生子女，祖辈会给予他们无限的疼爱，简直就是含在嘴里怕化了，捧在手里怕摔了。除了家庭环境和成长环境的因素之外，孩子们在无微不至的照顾下，也会渐渐变得胆怯。相信很多70后和80后还能回忆起自己的童年，那就是自由自在、无拘无束，和整个院子甚至半个村子的小朋友一起玩耍。再看看现在的孩子，哪里还有这样的机会呢？直到进入幼儿园之前，孩子们几乎都是在孤独中长大的。看到这里，也许有的父母会说：孩子一点儿都不孤独啊！孩子身边有那么多长辈的陪伴，怎么可能孤独呢？别说是祖辈的照顾了，就算父母全心全意地陪伴孩子，也不能代替同龄人在孩子成长过程中的重要作用。所以明智的父母会经常带着孩子与其他小朋友玩耍，任由他们嬉戏打闹，而不会总是把孩子关在家里，让他们的心灵越来越闭塞。

孩子是有交往需求的，父母要尊重孩子的交往需求，不要因为任何原因就限制孩子与同龄人更多的接触和交往。其实，每个孩子天生都绝不孤僻，他们之所以随着成长渐渐变得孤僻，大多是因为后天导致的。生存的环境，父母的引导，对于孩子的成长都起到至关重要的作用。然而，大多数父母也知道，现代社会中，人际交往能力的作用越来越重要，当孩子长大成人，走入职场，如果他们依然不合群，那么等待着他们的就是接踵而至的失败和挫折。玩转职场，其实就是要经营好人际关系。从这个角度而言，父母很有必要在孩子小时候就培养孩子的社交能力，也帮助孩子打开心扉，变得积极开朗。具体而言，父母可以抓住每一个机会让孩子与更多的人接触。例如，带着孩子去亲戚朋友家做客，或者邀请其他人来自己家里做客，让孩子扮演积极热情的小主人；再如，可以在日常生活中创造各种各样的机会引导孩子表达自己，与人交流，相信只要父母多多用心，找到孩子感兴趣也愿意参与的话题，孩子还是乐于表达自己的。

很多父母总觉得只要照顾好孩子的吃喝拉撒睡，满足孩子的基本生理需求，就是合格的父母。殊不知，父母肩负的责任不仅仅在于此，真正合格的父母，还要关注孩子的心理健康。例如，有些家庭延续了很好的习惯，那就是每天晚上入睡前，父母与孩子沟通一天的所得和收获，也帮助孩子解决遇到的难题和困惑。正所谓今日事今日毕，当孩子养成好习惯，乐于向父母倾诉，他们也就不会那么孤僻了。

总而言之，孩子性格孤僻只是一种表面现象，在这种表面现象之后，父母要付出足够的耐心和爱心，帮助孩子挖掘深层次的心理原因，才能有的放矢地帮助孩子战胜内心的恐惧和羞怯，从而改变孩子孤僻的言行习惯，让孩子变得越来越从容自信。

嫉妒，让孩子变得心胸狭隘

从心理学的角度来说，嫉妒是心理活动的一种，是随着孩子自我意识的发展逐渐表现出来的。细心的爸爸妈妈会发现，孩子在一岁前后就会出现嫉妒心理。例如，爸爸妈妈当着他们的面抱起其他的小朋友，他们马上会冲上去紧紧搂住爸爸妈妈的脖子，坚持要求爸爸妈妈抱自己。实际上，这就是孩子嫉妒心理的萌芽和最初表现。

现实生活中，孩子会因为很多情况产生嫉妒心理，例如看到其他小朋友比自己优秀，或者看到老师更喜欢某个同学，亦或者某些方面不如其他小朋友，都会使孩子心生嫉妒。

当然，不同性格的小朋友针对嫉妒表现出来的行为举止也是完全不同的，有些小朋友会压抑自己的情绪，把自己伪装成没有任何异常的样子，有些小朋友会表现出极大的主观能动性，还有些小朋友则具有攻击性。

希希从小就很聪明，乖巧可爱，也很懂事，深得爸爸妈妈的喜爱，长辈们也总是对她刮目相看。渐渐地，在赞赏声中，希希长大了，开始读小学。进入小学阶段，希希这才意识到人外有人，天外有天，从小总是自以为优秀和出类拔萃的希希，再也无法在各个方面都表现拔尖。尤其是到了三年级，班级里有很多同学都后来居上，在学习上表现出了自己的优势。期中考试，希希居然才考了班级第25名，处于中下游水平。为此，希希觉得伤心极了。

一放学，她就拿着试卷步履沉重地往家里走去。她很清楚，爸爸妈妈肯定要失望了，她甚至还担心爸爸妈妈会狠狠地批评自己一顿。

到了家里之后，妈妈看到希希的成绩，非但没有批评希希，反而鼓励希希："希希，你是否觉得一进入三年级，学习的方式方法都改变了呢？"

希希点点头，纳闷地说："我和以前一样学习，但是成绩却下滑很多，不知道为什么？"

这时候，妈妈笑着对希希说："对于小学阶段而言，三年级是个坎，需要认真地迈过去，未来的学习才会顺利。你也许只是还不适应三年级的学习，其实，你可以多多向薇薇学习。薇薇是你的好朋友，又是咱们家的邻居，你要是虚心向薇薇请教，薇薇一定乐意告诉你。我觉得薇薇已经适应了三年级的学习，所以她的成绩最近进步很大，居然从十几名进入班级前五名呢！"

原本就因为考试成绩不好而郁郁寡欢的希希，听到妈妈这样夸赞薇薇，突然情绪爆发："你要是觉得薇薇好，你就找薇薇当你的女儿吧！"说完，希希哭着跑回自己的房间。

妈妈看着希希伤心的样子，觉得莫名其妙：考试成绩这么差，我还没批评你呢，你怎么就先发制人，不但发脾气，还哭了呢！

爸爸回家之后，妈妈就说起希希的情况，爸爸不由得撇嘴说道："这还不是随你？！"

妈妈丈二和尚摸不着头脑："和我有什么关系啊？"爸爸狡黠地笑着说："谈恋爱的时候，我哪怕和别人多说一句话，你不也是这样的表现吗？"

听到爸爸的话，妈妈忍不住笑起来，也嗔怪爸爸没正经。

爸爸说得很对，不但恋爱中的女人会吃醋，包括孩子在发现父母更欣赏其他孩子时，也会醋意大发，妒火中烧。实际上，不管是男人还是女人，也不管是成人还是孩子，都很容易爆发妒忌心理。尤其是孩子，随着年岁渐渐增长，妒忌心也越来越强烈。他们不希望其他小朋友比自己强，更不愿意看到自己重视和在乎的爸爸妈妈认可和赞赏其他小朋友。否则，他们就会因为嫉妒陷入焦躁不安的情绪之中，甚至对那些比自己强的人心生怨恨。

当发现孩子嫉妒心很强，父母一定不能掉以轻心。很多人一旦被嫉妒之火焚烧，就会做出过激和极端的举动，甚至酿成大祸。因而在发现孩子产生嫉妒心之后，父母要积极地帮助孩子转移注意力，让其不要总是盯着别人比自己强的地方，而是要发现自己的优点，从而建立自信。

通常情况下，越是自卑的孩子，就越爱嫉妒，这是由于他们缺乏自信、内心自卑导致的。如果他们觉得自己也很优秀，也有别人所不能及的地方，那么他们就会做到心绪平静，也能够坦然面对他人的优势。这是从根源上消除孩子嫉妒心理的第一步，即让孩子客观公正地认知自己和他人。

其次，父母还要在精神方面关注和引导孩子，从而帮助孩子渐渐形成优秀的品质，让孩子心胸开阔，不要总是小肚鸡肠，斤斤计较。从另一个方面来说，假如孩子总是郁郁寡欢，心绪不平，这对于孩子的身心健康也是有很大坏处的。

最后一点需要注意的是，父母要想让孩子宽容和善，就先要为孩子树立好的榜样。正所谓孩子是父母的镜子，孩子总是能折射出父母的样子，所以父母要谨言慎行，以身作则，有效帮助孩子。

大人说话，孩子为什么总插嘴

每个人大概都有过这样的记忆：小时候，爸爸妈妈说话，或者他们与其他人说话的时候，我总是忍俊不禁要说上几句，这个时候爸爸妈妈总是粗暴地打断我，还训斥我"大人说话，小孩子不许插嘴"。渐渐地，我就越来越觉得大人说话就像皇帝颁发圣旨一样，一定要庄严肃穆，寂静无声。

不可否认，很多父母都讨厌孩子没规矩，总是在大人说话的时候站在一旁偷听，而且还常常打断大人的话，这导致大人非常恼火。大多数父母都有这样的心态，即觉得自己是大人，也是家庭的主宰和孩子的主人，所以不允许孩子轻易发表意见，也常常不顾及孩子的颜面，在孩子忍不住插嘴的时候厉声训斥孩子。的确，孩子插嘴的行为是不礼貌的，而且容易使父母陷入尴尬之中，但是父母完全没有必要如此严厉地斥责孩子，因为孩子并非真的想要打断父母说话，而只是因为他们的年纪决定了他们还没有自控力，更不知道随便插嘴是不礼貌的行为。当说话的欲望喷薄而出时，他们就不得不一吐为快了。

通常情况下，孩子插嘴大人说话也并非毫无目的的本能行为，他们也有自己的小心思，尤其是对于已经渐渐长大的孩子，他们迫不及待地想要成为家庭的一份子，想要有在父母面前发表见解的权利，这也直接导致他们希望自己能够得到父母的平等对待。在这种情况下，父母要想改变孩子随便插嘴的坏习惯，其实很简单，那就是给予孩子表达的机会。这样一来，当孩子表达完自己的想法，他们自然也就无需再用插嘴的方式来表达自己的看法和见解了。或者是在家庭召开民主会议进行讨论的时候，父母可以给予孩子自由发言的权利，或者父母在发言之后提醒孩子发言，这样孩子还有什么理由插嘴呢？

总而言之，孩子插嘴有很大一部分原因是他们有话要说，既然不管怎样孩子都要表达自己的想法和观点，与其逼得孩子插嘴，不如给孩子机会，让孩子光明正大地表达，相信孩子一定会因为受到尊重，而努力让自己的发言井井有条。

除了想要得到平等的对待而插嘴之外，孩子还有可能因为好奇心强烈，所以在大人说话的时候就支楞起耳朵来听，当听到高兴的地方，孩子有感而发，自然不吐不快。当然，有的孩子之所以插嘴，完全是为了引起大人的注意。孩子小时候正处于自我意识的觉醒期和发展期，因而他们特别希望自己能够得到大人的注意，也让大人对他们的所思所想感到重视。这种情况下，父母应该尊重孩子，多多关注孩子，千万不要把孩子当成空气。如果大人有要紧的事情说，也可以安排好孩子，让孩子有事可干，不至于太无聊。这样，孩子自然就不会再来打扰大人说话了。

还有很多父母习惯性地忽视孩子，说话之前告诉孩子要耐心等待几分钟，然而一旦说得高兴了，就完全把孩子忘到了脑后，根本不顾孩子的感受。孩子在旁边左等右等，却不见大人来陪伴他，自然会越来越没有耐心，因而只得不顾一切地表达自己的想法和需要。

遇到这种情况，一则父母要考虑到孩子等待时的焦急，从而长话短说；二则父母要教会孩子等待，让孩子知道只有等到一个人结束发言，另外一个人才可以开始说话。这样一来，孩子等到合适的时机再表达自己的感受，自然就不算是插嘴了。

如果孩子有正经事要说，父母因不让其插嘴使其压抑自己憋在心里，长此以往显然对孩子的身心健康极其不利。当父母弄清楚孩子插嘴的原因，也就可以有的放矢解决这些隐藏的诱因，从而彻底解决孩子在大人说话时插嘴的问题。

第五章
家有怪诞小宝宝，生活妙趣横生趣味多

自从宝宝降生，爸爸妈妈的每一天都变成了全新的一天。宝宝的成长是看得见的，他带给父母的惊喜也总是让父母喜出望外的。当用心细致的父母，观察到宝宝在成长过程中点点滴滴的进步和改变，父母的生活也会变得妙趣横生。尤其是当发现宝宝的各种怪异行为时，父母从最初的紧张惊吓，到后期的坦然自若，这期间不仅仅宝宝在成长，父母也在渐渐成长。从养育宝宝的辛苦，到感受到宝宝带来的乐趣，个中滋味只有当过父母的人才知道！

会吐泡泡的金鱼宝宝

月龄小的宝宝因为口腔比较浅,所以当口中有太多的唾液时,他们就会不停地吐泡泡。随着唾液越来越多,宝宝还会流口水。当看到宝宝变成小金鱼,开始吐泡泡时,父母完全无需惊慌,可以先观察宝宝在吃喝拉撒睡方面是否正常。如果宝宝一切正常,那么则意味着他们吐泡泡是正常的生理现象,而如果宝宝出现厌食、烦躁不安、哭闹等反常行为,则意味着宝宝感到身体不舒服。这个时候,父母一定要及时带宝宝就医,接受医生的检查。

对于月龄大的宝宝,有的时候母乳无法满足他们的需求,他们开始长牙齿了,可以吃更多的食物了,那么本能也会驱使他们以吐泡泡的方式提醒父母要添加辅食了。

有的宝宝还会一边吐泡泡,一边玩弄自己的小舌头。这意味着宝宝发现了一个好玩的玩具——舌头,也开始了认识自己的节奏。这种情况下,不要打扰宝宝自娱自乐的活动,父母只要安静地在一边看着宝宝快乐地玩耍即可。

小豆包才刚满月没几天,就突然变成了"金鱼宝宝"。她就像金鱼一样,不停地从嘴巴里吐出泡泡来,使得妈妈紧张万分。妈妈很纳闷:小豆包从出生之后就很健康啊!为何现在却出现异常呢?妈妈再想一想自己的奶水,确定自己没有吃什么影响乳汁的食物。为此,妈妈赶紧打电话通知正在上班的爸爸,让爸爸回来带着她们娘俩奔赴医院。

听到心肝宝贝吐泡泡了，新手爸爸也着急了，一路飞车赶回家，又带着妈妈和小豆包奔赴医院。到了医院，妈妈还特意挂了专家号，生怕有什么疏忽。

没想到，医生对小豆包进行了认真仔细的检查后，没有发现任何异常。妈妈还是不放心，医生无奈地说："真没见过你们这样的父母，宝宝健康，你们也不放心。宝宝吐泡泡就是正常的生理现象，是因为宝宝的口水太多了。再过一段时间，宝宝也许还会开始流口水呢！只要宝宝一切正常，你们就不要再纠结这个问题啦，赶紧带着宝宝回家吧！"

在医生的再三安抚下，爸爸妈妈才心怀疑虑地带着小豆包回家了。经过一段时间的观察，爸爸妈妈发现小豆包没有任何异常，并且像医生预言的那样开始流口水了。

宝宝为何会流口水呢？当看着心肝宝贝一下子变成了小金鱼，咕嘟咕嘟吐泡泡时，尤其是新手爸妈，一定会觉得不可思议，甚至会紧张不已。当然，小心谨慎总是没错的，就算去医院看医生完全没有问题，也比贻误宝宝的病情更好。当然，这并非是让父母对宝宝的异常行为视若无睹，而是告诉父母，宝宝的确会出现一些怪诞行为，这其中有很多行为都是生理原因导致的，父母要更加了解宝宝，也不要动辄就惊慌失措。

当然，吐泡泡并非全无凶险，如果宝宝表现出感冒的症状，而且发烧了，那么父母就应该引起警惕了。当新生儿或者月龄小的宝宝接触感冒的成人或者孩子时，他们因为抵抗力低下，很容易导致呼吸道感染病毒或者细菌，这种情况下宝宝就会患上肺炎。对于宝宝而言，肺炎是很凶险的一种疾病，甚至会导致死亡，所以父母必须充分重视。

有些宝宝患了肺炎之后，不但有可能出现感冒发烧的症状，而且会抗拒吃奶，精神萎靡不振，呼吸也不顺畅。还有的宝宝会轻微咳嗽，这都是需要父母认真用心观察的。

当然，也有些宝宝不会咳嗽，也不会发烧，只是口吐白沫，这种情况下就需要父母观察宝宝吃奶的情况，并及时带宝宝就医。

需要注意的一点是，不管宝宝肺炎的症状有哪些，他们一旦觉得不舒服，精神肯定会变差，而且吃奶的量也会大大减少。只要观察到宝宝的异常，父母就要引起重视。尤其是对于月龄小的宝宝，爸爸妈妈更要细致入微，毕竟新生命是很娇弱的，需要每一个父母用心呵护，用爱守护。

每个宝宝都有一根抹了蜜糖的手指

在民间，对于宝宝顺利生长一百天，是要举行仪式庆祝的。由此可见，百天对于宝宝很重要，既意味着此后宝宝变得越来越强壮，也意味着宝宝渐渐长大，可以出来见人了。以前生活条件差，很多新生儿从出生开始，到一百天期间，是不出家门的。这完全是为了保护弱小的新生命。然而，如今科学发达，人们也渐渐意识到宝宝需要接受阳光的照射和抚触，所以新的育儿观念告诉我们在满月之后，要经常带着宝宝进行室外活动，让宝宝接受日光浴。这样一来，宝宝也能够更加健康茁壮地成长。

细心的父母会发现，一百天之后，宝宝明显变得机灵了。他们学会了自娱自乐，而且经常把整个手都塞到嘴巴里吮吸。随着宝宝渐渐长大，他们变得越来越聪明，不再笨拙地啃着整个手，而是把其中的一根手指塞到嘴巴里吮吸。每当看着宝宝贪婪地吮吸手指，爸爸妈妈总是疑惑：难道宝宝的手指上有蜜糖吗？否则，宝宝为何吃得这么开心呢？没错，对于宝宝而言，手指就是这么香甜美味，简直就是蜜糖手指呢！

几乎每个宝宝都喜欢吃手，这是因为宝宝从出生之后到一岁之前，处于"口欲期"。他们在"口欲期"里，不管嘴巴附近有什么东西，或者能抓到拿到什么东西，都会情不自禁地往自己的嘴巴里放。在吮吸之初，宝宝们最迷恋的就是自己的手指了。对于宝宝而言，吮吸是他们天生就会的本能，所以新生儿一出生，只要触碰到妈妈的乳头，马上就迫不及待地吮吸起来。等到两三个月时，宝宝手部的动作会发展得越来越好，双手也会更加灵活。这个时期，宝宝开始把双手当成玩具玩耍，每当他们感到饥饿、缺乏安全感、不耐烦的时候，他们只要开始吮吸手指，心情就能恢复平静，也会渐渐变得愉悦起来。原来，小手对于宝宝有着这么重要的意义啊！难怪宝宝们这么喜欢吮吸手指呢！

有些妈妈没有奶水，或者选择奶粉喂养，那么宝宝就缺乏长时间依偎在妈妈的怀中吮吸乳汁的机会。其实宝宝吮吸母乳的过程不但是吃饱肚子的过程，也是他们满足自身与妈妈亲密接触的情感需求的机会。对于奶粉喂养的宝宝，在吃饱了奶粉之后，也会觉得精神上没有得到满足，所以他们会本能地吮吸手指，以此来弥补不能依偎在妈妈怀中吮吸母乳和妈妈亲密接触的遗憾。

由此可见，各大医院现在积极推行母乳喂养，实际上对于新生儿的身心发育以及满足新生儿的感情需求都是有极大好处的。因此，妈妈们不要害怕身材不能及时恢复而剥夺宝宝们享受母乳的权利了。有相关研究证实，母乳喂养能加速妈妈产后恢复。只要科学饮食，坚持锻炼，妈妈也要坚信自己可以瘦身成功。

萱萱已经一岁半了，但是每天依然吃手指，而且还乐此不疲。虽然妈妈经常提醒萱萱不要吃手指，也会时常把手指从萱萱的嘴巴里拿出来，但是没过几分钟，萱萱就会依然如故，仿佛她的手指上抹了蜜一般。萱萱吃手指还非常专心，就像几个月的孩子一样把手指吮吸得津津有味，有的时候连妈妈喊她都听不见。妈妈开始焦虑起来，决定带着萱萱去医院问诊。

在观察萱萱的情况之后，医生问妈妈："平日里，是谁负责带她呢？"

妈妈回答："奶奶。"

医生又问："奶奶和孩子交流多吗？"

妈妈当即摇摇头，说："奶奶特别喜欢打麻将，经常是玩着麻将，就把孩子放在一边玩耍。"

医生沉思片刻，说："孩子现在有些自闭的倾向，吃手指其实是她用来打发无聊的方式。因为长期都很少与人交流，孩子现在对于外界的一切不那么感兴趣了，我建议你马上停止工作，趁着孩子自闭的问题不严重，尽量多陪伴孩子，打开孩子的心扉。这么大的孩子原本应该是不管看到什么都觉得新奇的年纪，完全不应该变得这么迟钝。"

医生的话让妈妈觉得如同晴天霹雳，虽然她也经常在电视上看到孩子患有自闭症，但是万万没想到原本健康快乐的萱萱也有自闭的倾向。看着孩子手指上被吮吸出来的水泡，妈妈心疼不已，她当即决定辞掉工作，亲自带萱萱。

在很长的一段时间里，只要不是刮风下雨的天气，妈妈就会带着萱萱四处玩耍，也引导萱萱和小朋友们在一起玩。渐渐地，萱萱忘记了吮吸手指，和小朋友们玩得不亦乐乎，而且也越来越愿意和妈妈交流了。几年之后，萱萱终于找回了那个健康快乐的自己。

月龄小的婴儿吸吮手指是正常的，父母完全无需惊慌，更不要严厉制止孩子，否则反而会强化孩子吮吸手指的行为。然而，对于大一些的幼儿，如果他们依然吮吸手指，且有比较严重的表现，诸如不爱与人交流，而且把手指都吮吸得破了、起泡了，父母就要意识到他们是否有心理问题了。事例中，幸好妈妈发现了萱萱的异常，也及时采取了措施，才没有造成不可挽回的后果。

当然，不管是对于月龄小的婴儿还是对于幼儿，父母都要注意不要强制宝宝不吃手，否则宝宝就会因为逆反心理，也因为好奇心的驱使，对吃手的行为变本加厉。正确的做法是，父母要保持情绪平稳和镇定，尽量忽视宝宝吃手的行为，而以游戏、玩耍等方式转移宝宝的注意力，从而让宝宝自然而然戒掉吃手的习惯。

记住，凡事有因才有果，每一个宝宝吃手都是有原因的，父母唯有找到原因，才能高效地解决问题。

偷窥的秘密——宝宝性意识在觉醒

一旦孩子出现偷窥的现象，父母总是情不自禁地把事情想歪，觉得孩子是否心理肮脏或者品质不好。实际上，只是因为父母的内心太复杂，才把孩子也想得复杂了。孩子之所以偷窥父母洗澡，是完全正常的现象，也是由孩子的身心发展规律决定的。从偷窥父母洗澡开始，恰恰意味着孩子的性意识开始萌芽，最明显的表现就是他们开始对父母的身体充满好奇，也想知道身体的奥秘。

既然如此，父母就要摆正心态，不要对孩子的偷窥行为大惊小怪。有的时候，父母反应过激，反而会让孩子感到无地自容，甚至变得自卑，产生自我否定的心理。

此外，等到孩子渐渐长大，进入青春期，他们也会对异性的身体产生浓厚的兴趣，从而更想窥探真相。针对不同年龄的孩子出现的偷窥行为，父母更要端正思想，采取最恰当的方式引导孩子的身心健康发展。对于孩子的偷窥问题，父母一定注意要避免以责骂、打人的方式惩罚孩子。孩子的内心还比较脆弱，心理发育也不健全，如果父母方式不当，还会导致孩子心理扭曲，甚至性心理扭曲，给孩子未来的人生留下无穷的隐患。

有一天，爸爸要加班，家里只有妈妈和锐锐两个人。妈妈安顿好锐锐看他最喜欢的动画片《熊出没》之后，知道锐锐会乖乖地坐着看电视，就去洗澡了。正在洗澡的时候，妈妈突然听到门口传来声音，于是赶紧打开卫生间的门检查情况。这时候，妈妈看到锐锐正站在门口往里看。妈妈感到很纳闷，问："锐锐，你是要撒尿吗？"

锐锐摇摇头，妈妈又问："锐锐，你找妈妈有事情吗？"锐锐还是摇摇头。

妈妈告诉锐锐："那你快去看动画片吧，妈妈马上就洗完了。"锐锐这才乖乖地回到客厅继续看电视。

这种情况接二连三又发生了好几次。有一次，爸爸在洗澡，妈妈亲眼看到锐锐趴在卫生间的门上往里看。妈妈这才意识到锐锐原来是在偷窥。妈妈紧张万分，一下子想到不好的方面，未免觉得很生气。然而，锐锐才三岁，妈妈一时之间又不知道应该怎么批评他，只好等着爸爸回家商量。晚上洗漱之后，妈妈关上房间的门，一本正经地对爸爸说："我有个重要的问题要告诉你，你要想想怎么办，我想了一晚上也不知道怎么办。我发现锐锐喜欢偷窥咱们洗澡……"

当听到妈妈说那个严重的问题——锐锐喜欢偷窥父母洗澡时，爸爸不由得哈哈大笑起来。妈妈嗔怪爸爸："你居然还有心情笑，锐锐才三岁啊！"

爸爸不以为然地说："就因为锐锐才三岁，我才笑啊。要是他现在已经十几岁了，我还笑得出来吗，那岂不是说明他品质有问题啊！"

妈妈很困惑："但是他只是三岁的孩子啊！"

爸爸说："三岁的孩子也有好奇心，他只是对父母的身体感到好奇而已，这也说明锐锐开始萌发性意识。唯一需要注意的是，父母的态度要端正，不要把孩子想歪了，更不要误解孩子，否则孩子怎么能够信任我们呢？"

爸爸的话让妈妈陷入深思，毕竟爸爸是老师，对孩子的心理比较了解。思来想去，妈妈决定听从爸爸的建议，对锐锐的行为假装视而不见，再找机会向锐锐讲述生理知识，满足锐锐的好奇心。

明智的父母都知道，孩子有权利探索身体的秘密，追寻生命的本源。尽管父母也许会因为传统思想的影响，不愿意直接对孩子进行性教育，但是这并不能阻止孩子渐渐长大。所以明智的父母不会回避问题，而是会勇敢地面对问题。如今，关于对人体构造以及生命秘密的科普书很多，父母完全可以选择最适合孩子看的科普书为孩子普及性知识，然后再以切身经验给孩子以积极的引导和教育，这样才是对孩子负责任的态度，也能够保护孩子探索和求知的心理，让孩子理解自己想知道的知识。

很多时候，并非孩子对于人体构造和性知识不能正确对待，而是父母心中对于这些方面的知识存有偏见。实际上，这与教会孩子课本上的知识有何区别呢？这些方面的知识甚至比孩子学会课本知识更实用，也更重要。

因此，父母必须记住，父母不但是孩子的第一任老师，也是孩子生理知识的传授者。父母不能以绝对禁止的态度激起孩子的逆反心理，正如大禹治水宜疏不宜堵一样，父母对待孩子也要采取引导的态度，而不要一味地禁止，否则就是治标不治本，也会引起孩子的反感和逆反心理。

什么都可以用来交换的年纪

　　从三四岁开始，孩子会渐渐懂得交换的道理，甚至有些两岁左右的孩子，也会无意识地和其他小朋友进行交换。对于孩子而言，交换是他们进行人际交往的第一步。当孩子发现通过交换可以结交朋友时，他们会更加热衷于交换。当然，孩子的交换不会像成人那么精明，他们进行交换的唯一原则，就是喜欢。孩子间的交换有很多都是不等价的，甚至有孩子拿昂贵的变形金刚交换一张贴画。

　　这种情况下，负责为孩子买各种东西的父母未免觉得不平衡，也会质疑孩子的交换行为。其实，这只是因为父母和孩子对于等价交换的理解不同而已。父母理解的等价交换，是以金钱进行衡量的。而孩子之间进行交换，是根据各自对物品的喜爱程度。例如，一个孩子用自己最喜欢的变形金刚换了对方最喜欢的贴画，他们会觉得这样的交换很值得，也是非常公平的。

　　因此，面对孩子的交换行为时，只要不是过于贵重的东西，父母无需紧张。对于孩子平日里喜欢的玩具等物品，孩子是有处置权利的，而父母的过多干涉只会让他们不知所措，也会让他们迷失自己坚持的原则。如果父母总是一味地向孩子灌输所谓的价值观，还会让孩子在人际关系方面出现障碍，导致他们总是因为害怕被欺骗，而对所有人都关上心门，把自己禁锢和局限在狭小的世界里。和孩子的身心健康相比，相信明智的父母知道自己应该怎么做。

不久前,六岁的朵朵刚刚成为一年级的小学生。有一天,她从学校回到家里后,兴致勃勃地对妈妈说:"妈妈,快看,我有一张粉色的图画纸。"说着,她还把手里拿着的纸高高地举起,给妈妈看。妈妈漫不经心地敷衍道:"哦,这张纸真漂亮,是从哪里来的?"

朵朵得意洋洋地告诉妈妈:"这是我用图画书和娜娜换的。"

听了朵朵的回答,妈妈大跌眼镜:"用一本图画书换一张纸?朵朵,你是不是傻啊!"因为被妈妈批评了,原本兴高采烈的朵朵瞬间情绪低落了。

事例中的朵朵,因为喜欢那张粉色的图画纸,她宁愿用自己最心爱的图画书交换,这样的赔本买卖未免让妈妈感到心疼。实际上,朵朵并没有觉得自己吃亏了,相反,她觉得自己赚大发了,这也正应了那句话"有钱难买我高兴"。换位思考一下,站在孩子的立场上,如果粉色图画纸比图画书带给朵朵更多的快乐,谁又能说这样的交换是赔本买卖呢?

那么,作为父母,到底应该采取何种方法对待孩子的交换行为呢?

首先,父母要意识到对于孩子而言,通过交换可以认识更多的朋友。所以父母不要总是以自己的立场衡量孩子的行为,而要设身处地为孩子着想,鼓励孩子勇敢地结交朋友,不要斤斤计较。尤其不要像事例中的朵朵妈妈一样质疑朵朵是不是傻。

其次,帮助孩子理解交换的含义。很多孩子并不能深刻理解交换意味着什么,他们也许觉得有些东西在交换之后还是可以要回来的,甚至才刚刚交换完就又反悔了。在这种情况下,父母不要帮着孩子撤回自己的行为,而要告诉孩子应该遵守诺言,更要使孩子明确意识到一旦交换了,就不能后悔。这样一来,孩子渐渐地就会理解交换的含义,也知道交换是不可撤销的行为,必须慎重对待。树立对于交换的正确观念之后,孩子就不会再轻易交换,而是会在交换之前进行慎重的思考。

再次,当现实情况不利于交换时,父母还可以鼓励孩子主动赠送,让孩子养成慷慨大方的品质。诸如孩子周末在公园玩耍时叠了很多纸飞机,这个时候,很多幼儿都被纸飞机吸引过来,想玩纸飞机。这种情况下,如果孩子作为大哥哥或者大姐姐,父母就要引导他们把纸飞机送给小弟弟小妹妹。所谓"赠人玫瑰,手有余香",这样孩子不仅会拥有好人缘,也会得到大家的感谢。

当然,不管是孩子想要交换,还是想要赠送,也不管孩子做的是赚钱的生意,还是赔本的买卖,爸爸妈妈都要尊重孩子的意愿。只有得到父母的尊重和理解,孩子才会更有主见,也更独立自主,不会凡事都依赖父母。作为父母,唯一需要记住的原则就是:要站在孩子的立场上考虑交换是否值得,而不要总是局限于实物的价值,导致对孩子的交换行为极其不理解,也使得孩子的自尊心和自信心都受到严重的打击。毕竟对于孩子而言,在什么都可以拿来交换的年纪,唯一的交换标准就是:自己觉得值,且会感到开心和满足。

宝贝,小鸡鸡可不是你的玩具啊

总有一段时间,孩子对于生殖器会特别感兴趣,例如女孩会用手触摸自己的外阴,男孩会用手玩弄自己的小鸡鸡。有些孩子还会故意坐在尖锐凸起的物体上,并且扭动自己的身体,让自己的生殖器与物体突出的部分产生摩擦,与此同时,他们还会表现出一副沉浸其中的模样。孩子这是怎么了?很多父母一旦发现孩子的异常,都会觉得非常紧张,也觉得很难堪和丢人。甚至有些父母无法控制自己的暴怒，批评甚至是打骂孩子，导致孩子不知所措，更不知自己哪里做错了。看着无辜而又委屈的孩子，父母也未免质疑自己对孩子邪恶的揣测：难道孩子才这么小就产生对性的欲求了吗？这里不得不提到很多人都存在一个误区，即觉得人对于性的欲望直到青春期才会产生，其实这是大错特错的。从很小的时候，孩子就已经拥有性欲，这也合理解释了为什么幼儿会突然迷恋和抚摸自己的生殖器。然而，他们的行为实际上很单纯，就是本能的冲动，甚至他们对于自己对生殖器的迷恋都无知无觉。他们只是觉得抚摸生殖器很舒服，因而他们才会频繁做出类似的举动。

古人云，食色性也。这其实是在告诉人们，性和饮食是同等重要的。孩子们既然一出生就本能地吮吸妈妈的乳汁，那么孩子随着成长产生对性的需求，也是完全正常的。通常情况下，孩子从一岁前后开始抚摸自己的生殖器，到三至六岁期间，他们性意识的萌发会达到高峰期，这个时段孩子也更加迷恋自己的生殖器。对于孩子这样"反常"的行为，大多数父母都会感到万分焦虑，甚至还会不由分说就揍孩子一顿。殊不知，这样的态度会给孩子带来巨大的心理压力，甚至会导致孩子成年之后性观扭曲，使孩子一生都受到负面影响。父母应该明确的是，孩子玩弄生殖器是正常现象，这与孩子的道德品质毫无关系，因为孩子做出这些举动完全出乎本能，而没有任何性的目的。此外，还有些孩子完全是因为对生殖器感到好奇，才会探索自己身体的奥秘。

随着不断成长，孩子渐渐建立道德标准，也不断规范自己的行为，与此同时他们的生活圈子也越来越大，生活中好玩的事情越来越多，所以他们会渐渐地淡忘对生殖器的迷恋，也会步入生活的正轨，给自己找到更多的乐趣。

四岁的丁丁已经和爸爸妈妈分房睡觉了，对于丁丁的独立，妈妈感到很欣慰。然而，有一天晚上妈妈去看丁丁是否熄灯睡觉时，突然发现丁丁正盘腿坐在床上，玩弄自己的小鸡鸡。

对于丁丁的行为，妈妈感到非常惊讶，当即怒斥丁丁："丁丁，你在干嘛呢？这么大了，还玩小鸡鸡，丢人不丢人？"

丁丁有些困惑地看着妈妈，他显然不知道妈妈为何说他丢人呢？把丁丁训斥一通后，妈妈回到卧室，当即把这个情况告诉了爸爸。不料，爸爸不以为然地说："哪个男孩小时候没玩过自己的小鸡鸡啊，这是正常现象啊！"

妈妈有些难以接受地看着爸爸："你也这么干过？"

爸爸点点头，说："当然，我现在还记得呢！"

看到妈妈惊讶的样子，爸爸当即告诉妈妈："你可不要训斥他，不然他该觉得自己犯了什么大错呢！你装作没看见就好，等到长大一些，他自然就会把这件事情抛之脑后了。"

妈妈知道这是男孩的生长发育情况后，决定以后再也不因为此事训斥丁丁了。

当父母对于孩子玩弄生殖器的行为反应过激时，非但无法使孩子有所收敛，反而很有可能导致孩子变本加厉。孩子都是有逆反心理的，而且小孩子因为好奇心比较重，对于父母不让他们做的事情，他们反而更想一探究竟。当无意间发现孩子玩弄生殖器时，明智的父母会控制自己的情绪，哪怕心里情绪起伏不定，表面上也要保持镇定。这样才能淡化孩子对于玩弄生殖器的反应，也让孩子更顺其自然发展。

为了减轻孩子玩弄生殖器的情况，父母还可以从生活方面给孩子创造条件，让孩子转移注意力。如今，很多父母都喜欢给孩子穿紧身的衣服，这样会使孩子的生殖器与衣服产生摩擦，孩子一旦受到刺激，对于生殖器也会越发关注。要想改变这种情况，可以给孩子穿宽松的衣服，这样孩子的身体无拘无束，自由发展，也能避免孩子的生殖器受到刺激。

此外，有些父母不重视孩子的私处卫生，尤其是对于女孩子，不卫生、不洁净，很容易使女孩的阴处患疾病，导致女孩对阴处更加关注。通常情况下，男孩患尿道炎，女孩患外阴炎或者蛲虫病，都会导致他们外阴瘙痒。一旦他们养成经常抓挠外阴的坏习惯，再想改掉自然就很难了。

除了生活方面要多注意之外，父母还要合理安排作息，帮助孩子发泄多余精力。让孩子吃得好，睡得香，头一靠着枕头就睡着了，那么孩子当然不会有多余的精力来玩弄生殖器了。为了帮助孩子转移注意力，父母还可以培养孩子的兴趣爱好，让孩子每天都有喜欢做的事情。

我来接，我来接！

两岁大小的孩子，总是爱接电话，甚至能八九不离十地重复爸爸妈妈平日里接电话时所说的话。如果他们无意中耽误了紧急的电话，爸爸妈妈千万不要责怪他们，因为他们根本不是故意的，而只是处于探索和学习语言的关键时期。细心的父母会发现，有些孩子接电话时的口吻、所说的话，和爸爸妈妈接电话时所说的话相差无几。为此，爸爸妈妈也会觉得惊诧，孩子到底是什么时候学会和掌握这些语言的？其实，就是在爸爸妈妈接电话的时候。

孩子两岁，这个世界对他充满了诱惑和新奇。哪怕是电话听筒中传来的声音，也使他们觉得万分美妙。所以他们要抓住每一次机会接电话，探索和学习语言。孩子也许不明白，为何这个奇奇怪怪的机器能够和人一样说话呢？带着这样的困惑，他不停地观察爸爸妈妈的行为和举动，也暗暗地模仿。甚至有的时候，他还会煞有介事地拿着玩具手机，和电话那头的小朋友通电话，所说的内容都是爸爸妈妈平日里经常说的。不得不说，孩子的模仿能力和学习能力都是惊人的。

最近这段时间，妈妈发现辰辰特别喜欢接电话。每次家里的电话铃声响起，辰辰总是第一时间冲到电话机旁边，拿起电话，模仿妈妈的样子煞有介事地说："喂，你找谁？"如果对方说找妈妈，辰辰依然会拿着电话机不放，再充当一会儿传话筒。

辰辰对于电话的热情不但表现在接电话上，他也很热衷于给爸爸打电话，或者给爷爷奶奶打电话。他奶声奶气地说着妈妈在一旁教他的话，简直萌翻了。不过辰辰爱接电话有的时候也耽误事，有一次，爸爸有着急的事情打电话回家，辰辰一直拿着电话机不撒手，不得已妈妈按下免提，才能真切地听到爸爸说什么。

很多父母不理解孩子为何这么爱接电话，也因为着急，往往会训斥孩子把电话交出来。殊不知，这样的训斥会打击孩子学习语言的积极性，父母非但不要阻止孩子接电话，还要创造机会让孩子多接电话。毫无疑问，接打电话对于孩子而言就是锻炼语言能力的好时候。当然，为了提升孩子接打电话的能力，父母还可以教会孩子如何打电话。不断练习，再加上爸爸妈妈的指点，孩子接打电话的水平才会越来越高。

平日里，为了满足孩子对于接打电话的渴望，父母还可以与孩子做接打电话的游戏，模拟正在与孩子打电话的情景，从而锻炼孩子打电话的水平，提高孩子的语言表达能力。正所谓寓教于乐，对于年纪小的孩子而言，在游戏中学习比单纯地学习效果要好得多。

而且，对于孩子表现好的地方，父母还要及时表示认可和鼓励，对于孩子表现不好的地方，父母也要及时指出和纠正。需要注意的是，如今很多年轻的父母都喜欢用手机，以至于家里根本没有座机。那么，父母必须控制孩子使用手机的次数和时间，毕竟手机的辐射比较强，会对孩子的身体健康造成伤害，所以年纪小的孩子还是少用手机为妙。

与泰迪熊的亲密无间

实际上，孩子依恋的东西在父母眼中只是普通的物件，但是在孩子的眼中，这些东西绝不寻常，甚至他们还悄悄地在心里赋予这些东西特殊的含义。很多孩子之所以依恋特定的物品，是因为他们不仅仅把物品看作是物品，而且还在物品上寄托了自己的精神需求和感情需求，也从物品上得到更多的安全感。人对于熟悉的东西总是感到安全，很多成人，尤其是对安全感有强烈需求的女性朋友，出门的时候也会带着自己熟悉的毛绒玩具，这样不管走到哪里都能安然入睡。成人尚且如此，更何况是孩子呢？婴儿和幼儿，总是通过感官的满足，来获得安抚，获得安全感。举个最简单的例子来说，很多婴幼儿喜欢嘴巴里含着安抚奶嘴，或者吮吸手指，这也是他们依恋物品的表现。有的孩子因为一直缺乏安全感，甚至两三岁还含着安抚奶嘴才能入睡。

看到这里，也许有些父母会感到纳闷：既然孩子那么需要安全感，为何不向父母寻求呢？父母的关爱和照顾当然能使孩子得到安全感，但是父母给予孩子的感受，和物品给予孩子的感受是截然不同的。很多父母都把孩子当成自己的私有物品，总觉得孩子还小，因而不够尊重孩子。在与父母的相处中，孩子往往处于从属的地位。但是和物品相处截然不同，孩子是物品的主宰，能够完全控制物品，所以很多孩子在父母不在身边的情况下，就把感情的需求寄托在物品身上，从而逐渐减少对于父母的依赖。对于孩子而言，这是一种非常积极的方式，能够帮助他们从"完全依恋"渐渐过渡到"完全独立"。换言之，孩子看似更加依恋某件物品，实际上他们已经从精神上断乳，不再那么依恋妈妈了。

娜娜六岁了，她从小就喜欢泰迪熊，随着年纪的增长，她对泰迪熊的喜爱从未减少，相反，她还越来越依恋泰迪熊了。从四岁分床开始，娜娜就抱着泰迪熊入睡，偶尔和爸爸妈妈一起外出过夜，娜娜也会把泰迪熊带在身边。有的时候，忘记带泰迪熊，娜娜就会出现入睡困难的情况，妈妈不由得感到纳闷：为何娜娜如此依恋泰迪熊呢？

这只泰迪熊已经陪伴娜娜三年了，变得很破旧，妈妈早就想为娜娜重买一只新的泰迪熊，娜娜却始终不同意。有的时候妈妈夜里去看娜娜睡得是否安稳，也会发现娜娜紧紧地抱着泰迪熊。妈妈不知道，对于娜娜而言，泰迪熊是否比爸爸妈妈更重要。

事例中的娜娜，最依恋的是泰迪熊。其实，孩子们依恋的东西各不相同，有的孩子依恋玩偶，有的孩子喜欢玩具恐龙，有的孩子甚至依恋自己小时候一直盖着的被子，如果没有被子的陪伴，他们就感到难以入睡。这样的依恋往往让妈妈感到很苦恼，因为东西总有用旧用脏的那一天，而如果孩子总是对某件东西着迷，不但给妈妈打扫卫生带来困难，也使得妈妈情不自禁地担心孩子的心理状况是否出现了问题。

细心的父母会发现，大多数孩子依恋的物品都有一个共同的特点，即那些物品以毛绒玩具为主，都是特别柔软而且温暖的，这让孩子可以尽情地拥抱它们，与它们进行亲密接触。从心理学的角度而言，这恰恰满足了孩子想以自己的皮肤接触妈妈身体的需要。所以，绝大多数孩子才会依恋这些毛绒玩具或者枕头被褥，从而帮助自己寻找到安全感，建立安全感。

看到孩子对于某个物品表现出如此深的依恋，妈妈也许会担心孩子因此和自己不亲密了。实际上，这样的担心完全是多余的。那些物品可以成为妈妈的替代品，但是那仅仅是在妈妈不在场、孩子缺乏安全感的情况下。孩子依恋某个物品，与他们依恋妈妈并不冲突，父母在看到孩子依恋某物时，尽可以放心。

当然，并非所有的孩子都对物品表现出强烈的依恋。有些孩子在成长的过程中从来不会特别依恋某个物品，这其实也是有原因的。比如他们找到了用其他的方式来安抚自己的内心，给予自己安全感，又或者他们每时每刻都与妈妈在一起，因而不需要寻找物品替代妈妈与他们亲昵。

然而，不管出于怎样的心理原因，父母都不希望孩子一直表现出这种异常的行为。那么，孩子的恋物情节大概会保持多久的时间呢？父母无需担心，随着孩子渐渐成长，他们的心理发育会日趋成熟和完善。

家里突然多了一只小巴狗

很多父母都发现孩子突然之间爱咬人了，而且还会四处啃东西，不管拿到什么都想放到嘴巴里啃一啃。实际上，这是孩子成长过程中的一种异常现象，但却是有原因的。例如，几个月的婴儿如果咬人，大多数是因为他们要长牙，感到牙龈肿痛，所以才会四处啃咬；对于大一些的孩子而言,既然牙齿已经完全长出来了,那么他们很少因为牙龈肿痛而咬人,相反,他们有的时候情绪紧张或者愤怒,会以咬人的方式发泄情绪。这是孩子对自我的一种宣泄,要想改变孩子咬人的状况,父母就要为他们找到更好的方法疏通情绪,而不要一味地呵斥和禁止孩子咬人。

此外,还有极少数的孩子到了四五岁还咬人,这也许是因为父母忽视了孩子的敏感期,因而导致孩子错过了口欲敏感期,因而长到好几岁了还想弥补敏感期的不足,这属于孩子的补偿性反应。

总而言之,不管孩子出于哪种原因咬人,父母都要对孩子宽容,不要因为孩子出现异常行为就紧张不安。要知道,孩子的成长是一个漫长的过程,他们学习的方式也是多种多样的。例如,有很多孩子就会用嘴巴认识其他事物,感受其他事物的软硬程度。对于孩子而言,这样的行为方式也许不恰当,但是出发点是好的,与孩子故意用牙齿攻击和伤害他人根本上是不同的。

晚上九点,妈妈带着西西洗完澡,奶奶拿着浴巾来到洗澡间抱西西出去。才走了没几步,奶奶突然一声大叫,把妈妈吓了一跳,赶紧打开洗澡间的门紧张地问:"怎么了,怎么了?"

奶奶忍着疼回答妈妈:"西西这个小丫头片子,突然咬了我一口。"妈妈洗完澡之后,查看奶奶的"伤情",这才发现奶奶的胳膊被西西咬了一个很深的红印记。

妈妈批评西西:"西西,你为什么咬奶奶呢?咬人不好,咬人是不对的。"西西看到妈妈表情严厉,似乎意识到自己的错误,低下头不说话了。妈妈再次和西西强调:"以后不许咬人,也不许咬奶奶,知道吗?"西西点点头,带着哭腔说:"我以后再也不咬人啦!"

然而,才过去两天,西西又故伎重演了。晚上,妈妈躺在西西的被窝里，陪伴西西一起睡觉。不想，西西突然对着妈妈的肩膀咬了一口，把妈妈咬得哇哇乱叫。妈妈不知道西西这是怎么了，为何总是咬人呢，似乎一夜之间变成了一只小巴狗似的。

那么，在看到孩子出现咬人的异常行为时，父母应该怎么做才能给孩子正确的引导呢？

首先，十个月之内的孩子会用嘴巴去认知外部世界，这也就是所谓的口欲期。在此期间，父母不要限制孩子用嘴巴啃咬东西，而是要为孩子营造安全洁净的环境，满足孩子的口欲。需要注意的是，很多父母总觉得孩子还小，不能吃太坚硬的东西，其实不然，孩子虽然小，但是随着不断地成长，他们到了长牙期，就会觉得牙龈非常痛痒，这种情况下父母应该给孩子一些大块的、坚硬的食物，让孩子磨牙。现在的婴幼儿食品多种多样，有很多磨牙饼干、磨牙棒等食物，都能有效帮助缓解孩子出牙期的不适，父母可以酌情选购。此外，有些父母因为害怕卡到孩子，所以不愿意给孩子吃坚硬的食物，殊不知，孩子的成长有其必然经历的阶段，父母只要注意不给孩子小块的、容易吞咽的食物，就能有效避免卡住的问题。各种形式的磨牙食物，就非常符合孩子的需要。

其次，不小心被孩子咬到之后，父母要调整好心态，虽然很疼，但是要尽量忍住，不要大吼大叫，以免吓到孩子。很多父母一旦被孩子咬到，总是不由分说地训斥孩子，甚至有的父母还会打孩子的嘴巴。殊不知，这样很容易吓到孩子，并且导致咬人的行为变本加厉。也许父母很难理解，有些孩子之所以咬人，只是为了表示友好。因此，父母完全可以心平气和地告诉孩子："宝宝，不能咬人啊，你咬了妈妈，妈妈会很疼的。"

第六章
迈出走向社会第一步
——宝宝入园的头疼事

孩子三岁后,父母都会面临的一个重要问题,就是把孩子送入幼儿园。然而,一下子从自由自在的家里进入幼儿园,孩子难免会受到很多拘束,也因为生活习惯的突然改变,他们会产生焦虑、紧张、不安等情绪。要知道,对于孩子而言,入园可不是一件小事情,这意味着他们走出家庭,正式步入社会。也因此,父母要多多关心孩子的入园情况,陪伴孩子度过初入幼儿园的焦虑时期。

宝宝总是乱发脾气怎么办

孩子为什么总是乱发脾气呢？实际上，很多孩子发脾气都是有原因的，只不过父母没有留意到他们真实的需求而已。假如父母和老师认真观察孩子，就会发现大多数孩子之所以发脾气，是因为他们的心理需求没有得到满足，或者是他们想要吸引他人的注意力，让他人更多地关注自己。

很多父母都误以为孩子小，觉得孩子不会那么敏感，这是完全错误的观点。现实生活中，不管是成人还是孩子，也不管是男孩还是女孩，都无一例外希望自己成为众人瞩目的焦点。尤其是对于他们最信任和在乎的父母与老师，孩子们更是绞尽脑汁吸引父母和老师的注意力。他们不知道的是，发脾气尽管能引起父母和老师的注意力，但是却会给父母和老师留下不好的印象。因此，当发现孩子是为了吸引他人的注意力而故意发脾气时，父母一定要正确引导孩子的情绪。

为了帮助孩子们更好地适应幼儿园生活，在入园的前几天，幼儿园特许小班的孩子由爸爸或者妈妈陪同入园，这就是所谓的亲子园。既然是亲子园，而且和熟悉的爸爸妈妈一起入园，孩子们当然不会意识到自己不久之后就要独立入园了，所以每个小朋友都很高兴。然而，等到老师召集小朋友们都坐到小板凳上开始上课时，班级里的一航小朋友很不配合。

其他小朋友都已经到老师面前的小板凳上坐好了，但是一航还是坐在地上不愿意起来，口中不停地喊着："我不，我不，我偏不！"妈妈很着急，也很尴尬，毕竟不能因为一个小朋友就影响全班小朋友的课程啊。为此，妈妈试图抱起一航去座位上坐好，不料一航索性躺在地上开始耍赖，还不停地喊着："我不要上课，我不要上课！"喊着喊着，他还打起滚来。

没过几天，亲子园就结束了，小朋友们开始独立入园，而一航几乎每天早晨都要与妈妈爆发一场大战，哭着来到幼儿园。在幼儿园里，虽然没有爸爸妈妈在身边，但是一航还是经常性地爆发脾气，常常与老师或者小朋友起冲突。对于一航的表现，虽然老师已经绞尽脑汁想办法安抚了，却最终无济于事。

其实，人最大的进步就是能够在情绪上实现自我控制。父母如果想激励孩子进步，就要督促孩子学会控制自身的情绪。毕竟孩子的认知能力是有限的，认知水平因为自身发展的局限也还没有上升到一定的高度。这种情况下，父母要引导孩子成长，而不要任由孩子跟随自己的心性去做事情。渐渐地，他们的自控力就会越来越强。

很多孩子是性格原因导致的情绪冲动，很容易乱发脾气。虽然人们常说江山易改，禀性难移，但实际上，愤怒是人类最大的敌人。曾经有位名人说，愤怒使人的智商瞬间为零。这句话绝不是耸人听闻，因为愤怒的人的确是会导致思维能力下降，头脑也变得不甚清楚。很多父母抱怨自己的孩子脾气太坏，也常常与孩子产生各种冲突。但作为父母，我们为何不换位思考一下呢？

首先，如果孩子不能控制自身的情绪，那么作为孩子的亲密陪伴者，父母完全可以控制自身的情绪，从而更好地引导孩子，与孩子平和相处。哪怕孩子发飙，父母也要保持安定平和，绝不要为孩子的愤怒之火再添加柴火。

其次，父母要引导孩子积极地表达自己。诸如有些孩子对父母不满意的时候，总是表达自己的负面情绪，而很少正面向父母表达自己的需要。

实际上，父母也希望与孩子之间进行友好平等的沟通，孩子要学会正面积极地回应问题，而不要动辄就和父母吵闹，或者肆无忌惮地撒娇，这样只会使父母感到无法应对。需要注意的，越是在孩子生气的时候，父母越是不能为了息事宁人，而答应孩子的一切要求。否则，就会给孩子形成错觉，觉得只要自己生气，就能得到想要的一切。这样一来，孩子乱发脾气的坏习惯自然会变本加厉。

最后，父母还要戒掉一个很普遍的错误，那就是有了不高兴的事情，向孩子发泄自身的情绪。殊不知，孩子需要的是父母的爱心和耐心，而不是希望父母把自己当成出气筒。父母如果总是对孩子发火，必然会导致孩子也情绪恶劣，尤其是在缺乏关爱的情况下，孩子更加焦躁不安，动辄就会火冒三丈。所以，对于孩子莫名其妙地发脾气这件事情，父母既要引起足够的重视，帮助孩子恢复平静，也要采取合理的方式引导孩子，让孩子有一个健康快乐的童年。

这个宝宝入园没带耳朵

经常有父母或者老师发现，孩子们似乎忘记带耳朵了。对于老师或者父母说的话，总是充耳不闻。有的时候，孩子也未必是不喜欢做某件事情，而是过于专注、沉迷于玩具之中。他们或者根本没有听到老师的喊话，也或者听到了，但是却不愿意放下手里的玩具，且还沉浸在自己的世界里。

对于孩子出现的这种情况，老师也应该表示宽容，毕竟孩子们还小，贪玩是完全正常的。

一月底出生的丝丝，八月份开始读幼儿园小班时，正好三岁半。在一个班级的同学中，她的年纪属于不大不小，有的同学才刚刚三岁，有的同学已经快四岁了。所以，丝丝的表现和大多数同学一样，在初入幼儿园的时候也哭了好几天，后来渐渐地适应了幼儿园的生活后，就比较喜欢幼儿园了。

然而，一个月之后，丝丝突然哭闹着不去幼儿园，妈妈觉得很纳闷：丝丝既然已经适应了幼儿园的生活，为何现在都一个月过去了，又开始排斥幼儿园了呢？

为此，妈妈决定找一找原因，也与老师进行了多次沟通。最终，妈妈发现了问题的根本原因所在，原来老师开始训练孩子合理的作息，以及训练孩子们遵守纪律。老师要求，每当老师喊"上位"的时候，孩子们就要归位坐好。然而，每次老师喊"上位"，丝丝完全如同没听见一样，依然在玩玩具，哪怕其他小朋友都上位了，她还是假装没听见。老师说了好几次，让丝丝要听指令，效果也不明显。为此，有一天老师严肃批评了丝丝，丝丝委屈地哭了起来，次日就闹着不去幼儿园了。

丝丝没有带着耳朵去幼儿园吗？为什么老师喊下课时，她那么积极地跑在第一个呢？其实，丝丝是带了耳朵的，只不过她的耳朵有个选择器，能够自动过滤出她喜欢听的话，而把不喜欢听的话完全排除在外。

从心理学的角度而言，每个人都有拖延症，孩子的拖延症更甚，而丝丝的表现恰恰是在对她不喜欢做的事情表示拖延。因此，要想改变丝丝的情况，根本解决之道在于告诉丝丝每个小朋友都要遵守纪律，这样才能让丝丝改变观点，变得愿意配合老师。

当发现孩子对老师的话不以为然时，老师千万不要觉得孩子无视自己。实际上，孩子最崇拜的就是老师，因此，老师在孩子面前要谨言慎行，不要轻易对孩子发脾气或者说些不该说的话，否则就会给孩子们留下恶劣的印象，也会误导孩子们的言行。

再加上孩子还小，自控力不够，所以老师要多多提醒孩子。为了达到良好的沟通效果，父母可以在说话的时候看着孩子的眼睛，老师也可以在几次提醒孩子无果之后，以正面的表达方式告诉孩子该怎么去做。孩子唯有理解老师的意思，才能更好地配合老师。总而言之，孩子虽小，却总是状况百出，也因为孩子的脆弱，不管是与孩子朝夕相伴的父母还是负责孩子幼儿园生活的老师，都要用爱心耐心对待孩子，帮助孩子更好地成长。

做事情三心二意，就像小猫钓鱼

每一个参加过幼儿园开放日的父母都会发现，幼儿园的课程非常短，一节课甚至只有十分钟，这是因为孩子们还没有形成专注力，所以不管做什么事情，他们都容易三心二意，也常常捡了芝麻丢了西瓜。很多父母在看到孩子无法长久专注地做一件事情时，都会觉得担心，甚至害怕孩子长大之后也不能集中注意力，其实这是完全没有必要的。随着年龄的增长，孩子的专注力也会越来越强，他们会从三心二意钓鱼的小猫，变成那个瞪大眼睛守在老鼠洞口的猫咪，一定会有所收获。

当然，孩子的专注力养成并非朝夕之间的事情，而需要漫长的过程。尤其作为父母，千万不要把对孩子的希望都寄托在幼儿园，更不要寄托在老师身上。从孩子呱呱落地开始，家庭教育就成为儿童教育的根本，唯有做好家庭教育，接下来的学校教育和社会教育才会水到渠成。

曾经有心理学家经过研究证实，幼儿的专注力只能保持很短的时间，例如在两岁时，幼儿可以对某件事情保持五分钟的专注力，到了四岁前后，幼儿对于某件事情的专注力能够达到十分钟之久。随着幼儿不断成长，他们对于事情的专注程度也会越来越高。

需要注意的是，如今很多家庭里都只有一个孩子，甚至一些双独家庭也只要一个孩子，这也就使得孩子从小在父母的照顾下长大，变得衣来伸手，饭来张口，从未经历过任何困难的磨炼。在这种情况下，孩子们哪怕遇到小小的困难，也会感到畏惧，甚至退缩不前。还有些父母不是给孩子鼓劲，而是给孩子撒气，让孩子变得毫无信心。

例如，有个孩子说要参加学校的划船队，和其他同学一起去划船。这个时候，奶奶马上说："划船多危险啊，万一掉到河里怎么办呢？还是不要去了。"原本兴致冲冲想去划船的孩子，在听了奶奶这句话之后会马上感到不高兴，但还是坚持要去，而有些孩子会因为奶奶的劝说而动摇，就不愿意去参加划船的活动了。渐渐地，孩子就不再愿意积极地参与很多事情，而总是听从父母和长辈的安排。一旦孩子养成轻易放弃的习惯，他们在做喜欢的事情时，积极性也会大打折扣，甚至经常会半途而废，这样对孩子形成专注力是不利的。

古希腊大名鼎鼎的物理学家阿基米德，不管做什么事情，都非常专注。有一次，国王让工匠铸造了一顶纯金的皇冠。等到皇冠造好之后，国王又担心皇冠不是纯金的，但又始终找不到验证的方法。无奈之下，国王只好把这个任务交给阿基米德。

阿基米德一时之间也想不出什么好方法，但是他也很想弄清楚皇冠的纯度。于是，不管是工作的时候还是休息的时候，他一直都在想这个问题，甚至连走路、睡觉都无法放下这个问题。

有一天，阿基米德去公共浴池洗澡。当他坐到几乎装满水的浴盆中时，突然发现浴盆里的水升高了，也溢出了很多。突然，他灵光一闪，马上意识到自己可以借助这个方法来验证皇冠的纯度。他就浑身湿漉漉地跑出浴缸，如同疯了一般跑回实验室里进行试验和测算。

阿基米德是伟大的科学家，他之所以会成为科学家，肯定有他的天赋，但一定跟他的专注也有很大关系。科学研究的道路是充满坎坷和崎岖的，阿基米德自然也要面对很多难题，但是他从不退缩，而是昼思夜想，不断钻研，最终才成功地战胜了一个又一个难关，获得成功。

孩子虽然还小，但是父母要抓住机会培养孩子的专注力，否则三心二意的坏习惯一旦养成，就难以改正了。需要注意的是，孩子原本注意力集中的时间就很短，父母不要误以为孩子只能坐着认真听讲十分钟就是不够专注。实际上，孩子注意力能够集中的时间是由他们的身心发展所处的阶段决定的，父母不可强求。培养孩子的专注力，并非意味着要强迫孩子坚持更久，最重要的是不打扰孩子，要借助于孩子喜欢做的事情，让孩子保持专心致志。

现代社会，所谓"剩者为王"，是因为各行各业的精英人物都是能够坚持不懈剩下来的。很多人做事情三心二意，这山望着那山高，根本不可能在一项工作上投入所有的心力，最终无法获得成功。所以父母要注重培养孩子的专注力，在发现孩子不能集中注意力时，父母切勿批评孩子，而要积极地鼓励孩子。常言道，良言一句三冬暖，恶语伤人二月寒。孩子虽小，但心思不小，而且孩子还很细腻，他们渴望得到的是父母的肯定和赞许，而不是父母的否定和批评。有时候，父母一句激励的话，就能让孩子扬起信心的风帆，奋勇向前。

有些孩子之所以无法专注，是因为他们面对的事情难度太大。在这种情况下，父母可以先从孩子喜欢做的事情着手，培养孩子的专注力。诸如孩子喜欢听故事，那么父母就要经常给孩子讲故事，让孩子从一开始听十几分钟，到后来听半个小时，在此过程中孩子的专注力不知不觉就提高了。另外，对于有一定难度的问题，父母还可以帮助孩子分解问题的难度，让孩子一步一步地去做，这样孩子在取得小的成就之后，自然愿意再接再厉，继续挑战了。

总而言之，培养孩子的专注力是一个漫长的过程，需要父母非常细致、有耐心。一旦养成专注力的好习惯，对于孩子未来的学习和发展都是非常有好处的。

幼儿园里的小霸王

很多父母因为孩子的霸道沾沾自喜，觉得孩子霸道一些好，至少不会受人欺负。古人云，吃亏是福，孩子如果总是占便宜，总有一天是要吃大亏的。此外，孩子如果长期骄傲自大，非常霸道，渐渐地，他们还会变得心胸狭隘，根本不懂得礼貌待人，这不但会耽误孩子的学习，也会使孩子变成孤家寡人，很难得到他人的认可和支持。所以，父母千万不要轻视孩子的霸道问题，而要从生活中点点滴滴的细节，引导孩子讲礼貌，学会分享，成为处处受欢迎的社交达人。

首先，从生活细节改变孩子的霸主地位。很多家庭都只有一个孩子，因而父母和长辈理所当然把好吃的好喝的与好玩的都留给孩子享受。渐渐地，孩子就会变得目中无人，有了美味的食物只想一个人独享，甚至不愿意和爸爸妈妈分享。那么从孩子很小的时候，父母就要避免给孩子形成这样的观点。诸如，如果孩子喜欢吃苹果，那么每次都要把苹果均分，一家人一起享用。有一个故事曾说，每次孩子给妈妈东西吃，妈妈总是狠狠地咬上一大口。有人会说这个妈妈太馋了，居然连孩子的东西也吃。殊不知，这个妈妈只是在以实际行动告诉孩子，要学会分享。有的妈妈面对孩子给予的东西总是推脱。渐渐地，孩子有了好吃的就不会再给妈妈吃，而妈妈也会抱怨孩子是个白眼狼，实际上这完全是妈妈导致的。

其次，父母要给孩子营造良好的成长环境，给孩子创造更多的机会与同龄人在一起玩耍一起分享。孩子需要伙伴，哪怕父母再全心全意地陪伴孩子，也不能代替同龄的伙伴在孩子成长中的重要作用。唯有和伙伴在一起，孩子才会更加发挥天性，自由玩耍，而且在与伙伴相处的过程中，孩子也会与伙伴打打闹闹、哭哭笑笑，从而让身心健康快乐地成长。

最后，父母还可以引导孩子的霸道，让其朝着健康的方向发展。诸如，让身强体壮的孩子养成英雄气概，为其他小朋友服务，也与其他小朋友搞好关系。实际上，孩子的可塑性非常强，既然孩子成为小霸王就是为了维护自己的中心地位，得到其他小朋友的拥护，那么何不让孩子以更好的方式实现自己的目的呢！当孩子能够发挥自己的长处，让自己充满魅力，也得到小朋友的信任，那么孩子就远离了小霸王，而成为集体中的领袖人物了。

进入幼儿园没多久，球球就成为班级里的小霸王了。对于他想玩的玩具，哪怕其他小朋友正在玩，球球也会走过去抢过来，丝毫不管其他小朋友是否愿意。有的时候，为了抢夺玩具，球球还和其他小朋友吵架呢！

球球的个头很大，因为他是九月初出生的，所以他尽管也在小班，但是却已经四岁了，所以比班级里很多次年八月份出生的孩子，大了将近一岁。身强体壮的球球，再加上霸道无理的作风，很快就成名远扬了。就连隔壁班级的老师们，都知道小霸王球球的大名。

当然，老师也不止一次接到其他家长对于球球的投诉，虽然老师每天都在防备着球球和其他小朋友打架，但仍防不胜防。

有一天中午吃饭，正好吃球球最爱的水饺，为此，球球抢了相邻小朋友的水饺，弄得班里哭声一片。无奈之下，老师只好告诉妈妈球球的状况，妈妈当然也知道球球的脾气秉性，除了一个劲儿地道歉之外，妈妈也别无他法。

一个班级里如果有个小霸王，那么对于老师而言这个班级当然就变得热闹非凡，因为小同学之间的矛盾和纠纷会有很多，老师也不得不随时准备充当救火员的角色。那么，小霸王到底是如何养成的呢？提起小霸王，人们总是情不自禁地想起独生子女的政策，把原因归结于现在的孩子独来独往，缺乏分享意识。实际上，小霸王的养成的确与孩子独生子女的身份有一定的关系，但是父母和长辈对孩子娇宠无度的爱，更会使孩子们变得以自我为中心，不把任何人看在眼里。

试想，孩子在家里已经习惯了成为家庭的中心，总觉得任何人都要为他服务，围绕着他转，那么进入幼儿园之后，他是否会依然如故呢？答案是肯定的。从这个角度而言，哪怕是对待作为独生子女的孩子，父母和长辈也不要对他们言听计从，更不要处处都满足他们。

毕竟，孩子终有一天会长大，会走出家庭，走入社会，到时候还有谁会像父母和长辈这样无条件地惯着他们、宠着他们呢？当孩子总是无所顾忌地抢其他小朋友的玩具，孩子会因此而失去朋友，导致人际关系恶劣。

父母一定要注意，千万不要对孩子表现出来的小霸王行为熟视无睹，听之任之。孩子的霸道不仅会伤害他人，也会对他们自己造成莫大的伤害。

因此，在帮助孩子改变的过程中，如果发现孩子有了很大的进步，父母还要及时肯定和表扬孩子，这样孩子才会得到激励，再接再厉。总而言之，这个社会不需要小霸王，父母要想让孩子符合社会的要求，就要用心引导孩子朝着身心健康的方向发展，而不要随意误导孩子，更不要贻误孩子最佳的塑形时期。

我才是第一，我才是第一

大多数父母都望子成龙，望女成凤，甚至恨不得从孩子还没出生的时候，就为孩子铺好路，奠定基础，让孩子能够赢在起跑线上。如此，孩子渐渐地就会形成唯我独尊的思想，觉得自己必须要成为第一名。然而，孩子在家里的时候也许能够永远保持第一，但是等到孩子渐渐长大呢，还如何保持第一名？

正所谓人外有人，天外有天，没有人能够保证自己永远第一。所以父母在教养孩子的时候，一定不要灌输孩子只能得第一的思想，否则孩子一旦得不到第一，就会无法承受。

可以说，如今的大多数孩子缺少的不是自信，而是抗打击、耐挫折的能力。很多孩子都心理脆弱，经不起一点点的不满意和不如意，这都是因为父母对孩子期望过高导致的。虽然在孩子呱呱坠地的那一刻，大多数父母都觉得自己迎来了"未来的栋梁之才"，但是随着孩子渐渐长大，孩子平凡的本质也显露无疑。在这个时候，父母必须接受孩子的普通和平凡，而且要引导孩子接纳自己，悦纳自己。

下午妈妈去接丝丝放学的时候，发现丝丝的眼睛明显有哭过的痕迹。妈妈不知道丝丝怎么了，就问了老师，了解了事情的原委。

原来，幼儿园里当天举行了跑步比赛，第一个跑到终点的同学将会得到一块巧克力糖果作为奖励。然而，丝丝跑得很慢，既没有得到第一，也没有得到第二、第三，而是落在最后了。为此，在颁奖仪式上，当看到老师给第一名的小朋友颁奖时，丝丝非常不乐意，甚至大哭大叫，喊着"我是第一，我才是第一"，她的行为让老师有些无奈。后来，老师也奖励了丝丝一块巧克力糖果，作为安慰奖。但是，丝丝却依然坚持说自己是第一，而且扰乱了颁奖的秩序，不允许老师给得第一的小朋友颁发奖品。

很多父母都以孩子懂事乖巧、争强好胜为傲，殊不知，真正的童年不该是如此沉重的。孩子之所以是孩子，就该有无忧无虑的童年，也应该天真无邪、肆无忌惮地笑。

父母最大的失误就是把沉甸甸的希望寄托在孩子身上，可是，孩子不是父母实现梦想的继承人，孩子理当有自己的人生。现实生活中，有太多的父母都给孩子设置了过高的标准，导致孩子出生不久就要开跑，奔赴人生的终点。难道对于人生而言，最重要的是结果，而不是过程吗？

实际上，孩子有自己的成长规律和内心节奏，父母唯有尊重孩子，给予孩子时间慢慢地长大，孩子才会快乐。

还有一点也是必须注意的：每个孩子的天赋是不同的。例如有的孩子擅长唱歌，有的孩子擅长画画，有的孩子体育好，有的孩子学习好，总而言之每个孩子都有自身的优点和长处，也有自身的缺点和短处，父母和老师要做的是因材施教，尤其是父母，更不要盲目羡慕别人家的父母和孩子。

父母生养了孩子，却没有权利决定孩子的人生，更不能要求孩子必须得到第一。第一就像金字塔的塔尖，是人迹罕至的地方，并不是每个人都能到达的。真正爱孩子的父母，不会给孩子灌输必须得第一的观念，而是更多地从孩子幸福快乐的感受出发，给予孩子更多的自由空间去成长、去发展、去成就最好的自己。

这个玩具是我的

对于初入幼儿园的小朋友而言，除了生活规律的改变是一个难题之外，更艰难的是必须学会与人分享。如今，大多数家庭都只有一个孩子，在家里难免集所有人的宠爱于一身，变得骄纵。但是进入幼儿园之后，一切都改变了，孩子们要学会和其他小朋友和谐相处。不管是吃东西，还是玩玩具，他们都不能独享。所以很多孩子面对这样的改变，一下子觉得无法适应，心情也会变得恶劣起来，甚至与小朋友发生冲突。

初入幼儿园，正是建立秩序与规则的时候，要想让孩子在幼儿园里顺利度过最初的适应期，父母在家里可以和孩子一起分享，从而让孩子养成分享的好习惯。诸如有了美味的食物，父母不要只给孩子一个人吃，而应该与孩子一起吃。再如，有了好玩的玩具，父母也可以带着孩子去小区的广场上，与其他小朋友一起玩。渐渐地，孩子就能感受到分享的快乐，从而避免在进入幼儿园之后不能与小伙伴友好相处，或是发生"霸占玩具"的情况出现。

为了帮助孩子们适应幼儿园生活，幼儿园提前一个月开学，整个八月的课程以循序渐进为原则设置，第一周是父母陪伴入园的亲子共度幼儿园阶段。星期一，是甜甜在妈妈的陪伴下进入幼儿园的第二天。因为第一天进展顺利，所以妈妈没有过多担心甜甜，而是在一边远远地观察甜甜和小朋友们相处。有了一天的熟悉，孩子们显然变得更加大胆了。甜甜看到一个小朋友正在玩玩具，也走上前去，想和那个小朋友一起玩。不想，甜甜刚刚拿起一个小小的玩具，那个小朋友就马上歇斯底里地大哭起来，一边哭一边喊："这个玩具是我的，是我的，是我的！"甜甜显然有些害怕，但妈妈并没有走过去进行干涉，因为她想看看甜甜自己会如何处理这个问题。

那个小朋友叫豆豆。他大喊大叫地哭了几声之后，看到甜甜并没有把"他的"玩具放下，就开始动手，争夺甜甜手中的玩具。

这时，豆豆的奶奶赶紧过去，告诉豆豆："这是幼儿园的玩具，小朋友们要一起玩。"豆豆还是很生气，眯缝着眼睛使劲哭。这时候，甜甜的眼眶也红了，妈妈走过去劝说甜甜："甜甜，我们去玩其他玩具好不好？这个小朋友不想和你一起玩。"甜甜看到妈妈来到身边，就准备离开。但豆豆依然在不顾一切地嚎啕大哭，口中不停地喊着："这是我的，我的，我的！"

豆豆奶奶觉得不好意思，对着甜甜说："宝贝，你先去玩别的，奶奶一会儿就让他把玩具让给你玩哦！"说完，豆豆奶奶又对甜甜妈妈说："这个孩子，在家被娇惯得无法无天，太任性了！"

妈妈笑了笑，说："没关系，孩子们都是这样的。小的时候不知道护着东西，到了两三岁，就产生自我意识，也不愿意分享。尤其是现在的孩子都是独生子女，一个人独享惯了，到了幼儿园还得适应一段时间呢！"

豆豆之所以护着玩具不给甜甜玩，就是因为他觉得玩具是自己的，而且自我意识的发展也使他更加注重维护自己的利益，不愿意把心爱的东西与任何人分享,甚至与他朝夕相伴的爸爸妈妈、爷爷奶奶,也无法让他变得更大方和慷慨一些。

当然,对于三到四岁的孩子而言,就算表现出霸占的倾向,也是完全符合他们自我意识快速发展的心理阶段和特点的。所以作为父母,无需因为孩子表现出的"占有欲强"感到难堪和尴尬,而要摆正心态,更加和颜悦色地引导孩子,也要让家庭教育与幼儿园里的教育取得一致,从而巩固孩子在幼儿园渐渐学到的知识和良好的行为习惯。孩子的成长是循序渐进的过程,切不可拔苗助长。

老师,我才是最棒的

现实生活中,没有人能够永远出类拔萃。一个人要想更好地生活,就要接纳自己,悦纳自己,而父母则要懂得欣赏孩子,尊重孩子本来的样子,而不要总是幻想着对孩子进行改造,把孩子变成自己所期望的样子。

如今,很多父母和老师都会用"棒"来称赞孩子。殊不知,孩子并不真正了解"棒"的含义,而只是一味地追求得到这个字的赞赏。长此以往,孩子就会产生混乱的认知,以为自己努力的意义就是得到赞赏。在这一点上,父母要引导孩子,让孩子知道努力的意义何在。更要告诉孩子:一个人不可能总是做到最棒,只要努力付出了,拼搏过了,得到的就是最好的结果。

当然,对于年幼的孩子而言,也许理解这个道理还有难度,那么父母就要潜移默化地对他们进行引导。

丝丝不仅凡事都要当第一，还很在乎老师的评价。周五放学时，妈妈去接丝丝比较晚，当她看到教室里还有几个孩子没有被接走，就和站在教室里的老师沟通了一会儿。在此过程中，丝丝和其他几个孩子一直在画画。有个孩子先画完了，就把画送给老师看，老师随口表扬道："周继轩真棒！画得非常好！"丝丝听到老师在表扬周继轩，也赶紧拿着自己还没有完成的画作跑过来，站在那里仰着脸看着老师说："老师，我才是最棒的！你看看，这是我画的画。"

听到丝丝的话，老师无奈地说："对，丝丝也很棒，每个小朋友都很棒。"不想，丝丝对于老师的这句话根本不满意，继续不依不饶地说："老师，老师，我是最棒的！"老师啼笑皆非，说："嗯嗯，丝丝最棒！继续去把作品完成，好不好？"

丝丝离开后，妈妈对老师说："丝丝真的很要强，上次就为了争第一哭哭啼啼，现在非要说自己是最棒的，这个丫头长大了也得出类拔萃。"听得出来，妈妈还有些为丝丝感到骄傲呢，不料老师却正色说："丝丝妈妈，其实这不是个好现象。每个孩子都很棒，但是每个孩子都不可能永远是第一，更不可能永远是最棒的。你们要引导丝丝，淡化她这种凡事都要拔尖的思想，否则以后丝丝会觉得很累的！您想，等到幼儿园毕业，丝丝就要去读小学了，随着渐渐长大，她还会读中学，读大学。越是往上走，她遇到出类拔萃的人也就越多，所以怎么可能始终占得头筹呢！不管是父母还是孩子，都要接受孩子的平凡，以平常心对待人生，才能活得更轻松快乐！"老师的话让妈妈陷入沉思，妈妈不停地琢磨丝丝说的那句"老师，我才是最棒的"。

事例中的丝丝，一味地沉浸在父母的赞许中，总觉得自己是最棒的，也要求身边的父母和老师都赞许她是最棒的。对于丝丝的争强好胜，妈妈觉得很高兴，殊不知对于丝丝的人格发展而言，这样的永远都争第一并非是好事情。正所谓人外有人，天外有天，没有任何人能保证自己永远都出类拔萃，所以父母和老师都不要误导孩子自认为是最棒的。

妈妈，一睡觉就会变成石头

　　孩子的思路和成人完全不同，而想要了解孩子，父母必须站在孩子的立场上考虑问题，循着孩子的思路去思考问题。就比如很多孩子对在幼儿园睡午觉都很抵触，而作为父母一定要耐心地引导，不要强迫孩子必须在幼儿园里午睡。否则，一旦午睡问题导致孩子不喜欢上幼儿园，那么问题就扩大了。

　　对于孩子在幼儿园不午休的状况，很多父母会觉得厌烦。但父母不要过于急躁，没有人天生就会当父母，每个人都是在一步步学习中得出适用自己的方法。

　　幼儿园的亲子班很快结束了，半天上学的日子也要结束了，每个小朋友又面临一个挑战，即在幼儿园里午睡。一一从一岁半之后，就基本不怎么午睡了，妈妈很发愁她的午睡问题。出乎意料的是，第一天在幼儿园里全天上学，一一中午居然睡着了，这让妈妈很惊讶，甚至和老师核实了两三遍。在确定一一睡着之后，妈妈心中的石头终于落下来了，不然其他小朋友睡觉的时候，一一怎么度过漫长的两个小时呢？

　　然而，没过多长时间，一一的睡觉还是出现问题了。一天晚上，妈妈关了灯陪着一一睡觉，一一非常抗拒，走到床下又把灯打开。妈妈说："一一，该睡觉了，否则明天早晨去幼儿园会迟到的。"

一一带着哭腔说："可是妈妈，我不想睡觉，睡觉会变成石头。"

"变成石头？"妈妈以为一一听到了什么故事或者看了什么动画片，就赶紧安抚一一，但一一还是不愿意睡觉，坚持要开着灯。一直折腾到晚上十点多，一一才终于睡着了。

此后，这种情况又持续了好几天，妈妈很无奈，只得打电话和老师了解一一午睡的情况。原来，有一天一一午睡提前醒来，看到小朋友们都闭着眼睛一动不动地睡觉，就觉得很可怕，说："老师，他们都变成石头了。"

一一的描述倒是很准确，因为睡着的小朋友们的确像石头一样，一动不动。老师向一一解释小朋友们只是睡着了，一一却依然坚持认为小朋友们都变成石头了。正是那天晚上，一一回家之后开始抗拒睡觉的。妈妈费了很多口舌，才渐渐打消了一一的奇怪念头，让一一变得不那么焦虑紧张了。

孩子的语言充满童真童趣，一一居然用石头来形容睡着的同学们，这是多么生动的比喻啊！然而，孩子的心理很敏感，也很脆弱，他们还无法理解很多生理现象，因而对于自己无法解释的事情，自然会感到焦虑紧张。

这种情况下，不如用孩子的语言来安抚孩子的心，也许会起到事半功倍的效果。例如，妈妈可以告诉一一睡着之后就变成了石头人，等到醒来的时候，石头人又会复活，变成一一。其实，一一的潜意识里担心的是自己变成石头以后能否复原，所以妈妈是否向一一解释睡眠的道理并不是最重要的，最重要的是打消一一心中的疑虑，让一一更加快乐地接受睡觉这件事情。

　　孩子的心里有着千奇百怪的想法，父母和老师只有对孩子的内心深入了解，才能真正走入孩子的内心，打开孩子的心扉。

第七章
幼儿园里的怪诞事
——你不可不知的童年秘密

孩子进入幼儿园，相当于迈出了走上社会的第一步，虽然看似是小小的一步，但对于孩子而言却是大大的一步。在进入幼儿园之后，孩子的情绪、心理等方面都会发生很大的变化，他们生存的环境再也不是单一的家庭环境。在幼儿园里，他们不但要面对老师，还要面对同学，因而各种怪诞行为也会接踵而至。而对于幼儿园阶段的孩子，当发现其行为出现异常时，父母一定要保持淡定，理性分析孩子行为背后的心理原因，洞察孩子内心的秘密，从而更好地引导和教育孩子。

幼儿园小班的孩子突然尿频

孩子在进入幼儿园之后，从熟悉的家庭环境到陌生的幼儿园环境，必然会有诸多不适应。尤其是孩子们的脾气秉性各不相同，在适应幼儿园生活及与老师、同学相处的过程中，也会状况百出。再加上年幼的孩子无法准确清晰地表达自己，所以作为父母，更要多多留心观察孩子的言行举止，从而帮其解决所遇到的一些难题。如站在孩子的思维角度和立场思考问题，找到孩子异常行为背后的深层次心理原因……从而真正有效地解决问题。

才进入幼儿园四个多月，小班的恩琪就突然出现了尿频现象。妈妈原本并不太在意，只觉得恩琪也许是因为在幼儿园喝水多，所以尿的次数就多了。元旦期间，妈妈发现恩琪依旧如此，不过妈妈也没有当回事。

然而，元旦开学之后第一天，恩琪在幼儿园里吃下午加餐的时候，突然呕吐了。当天晚上，恩琪发烧到三十九度，妈妈赶紧带着她去医院。这才知道恩琪感冒了，扁桃体发炎，且有些化脓。想到恩琪也有些尿频，妈妈赶紧把情况详细描述给医生听，于是医生开了尿常规的单子让妈妈带着恩琪去检查，结果显示恩琪没有任何尿路感染的迹象。医生也很纳闷，想了想，问妈妈："孩子幼儿园有尿裤子的情况吗？"妈妈脑中灵光一闪，突然想起在元旦放假之前，恩琪班级里的确有个孩子一天尿湿了五条裤子。医生启发妈妈："是不是有孩子尿裤子，老师强调撒尿的问题，所以孩子记住了呢？"

妈妈恍然大悟，连声说："有一天，她刚刚撒完尿，喝了一口水之后，马上又要撒尿，还说老师说喝水必须撒尿。这样想来，应该是班级里孩子尿裤子现象严重，所以老师强调了，结果恩琪记住了，导致精神紧张，对撒尿问题很焦虑。"

医生点点头，说："既然这样，就淡化孩子喝水和撒尿之间的关联，这样才能帮助孩子更好地养成小便的习惯。"

在医生的建议下，妈妈在恩琪生病期间，还特意就这个问题与老师展开了交流，希望老师白天也配合一下，淡化恩琪对于喝水和撒尿问题的关联。半个多月过去，恩琪的尿频现象也彻底消失了。

在这个事例中，恩琪之所以突然尿频，分析前因后果，与老师因为班级里有孩子经常尿裤子而强调撒尿问题有必然联系的。当然，几个老师要管理一个班的孩子，集体喝水、撒尿也是正常的，这个问题的凸显并非意味着孩子尿频的责任在老师身上。只有找到孩子尿频的原因，才能更好地帮助孩子解决问题。所以，父母一定要多多与老师沟通，及时了解孩子的情况，才能帮助孩子更好地成长。

对于老师的话，有的孩子会记得特别牢固，而有的孩子则这只耳朵听，那只耳朵冒。所以作为幼儿园老师，在面对个别孩子出现的特殊情况时，也不要因为心急就对所有孩子都展开同样的叮咛。如今，大多数教育专家都意识到要尊重孩子的天性，针对孩子开展个性化教育，所以老师也要更了解孩子，对孩子有的放矢，也让教育事半功倍，从而尽量避免误导孩子或者使孩子进入误区。

妈妈，老师打我啦

孩子到底是从什么时候开始撒谎的呢？很多父母一提起孩子的撒谎问题，就不由分说地认为孩子之所以撒谎，肯定是品质恶劣的表现。实际上，对于幼儿园阶段的孩子而言，他们根本不知道什么叫撒谎，但是他们狡黠的小心灵会知道，说哪些话更有利于达到自己的目的，也更能够帮助自己如愿以偿。为此，他们会选择性地说些对自己有利的话，甚至正处于三四岁阶段的孩子，还会因为分不清想象和现实，而捏造出需要的理由，来达到自己的预期。从本质上而言，孩子这么做不是撒谎，而是人趋利避害的本能在驱使他们做出有利于自己的行为。因而父母也不要因此就认为孩子品质恶劣，而是要理解孩子的内心，客观地判断孩子语言的真实性，帮助孩子区分想象和现实。

还需要注意的是，很多父母提倡民主，因而不管有什么事情都当着孩子的面说。这样和谐的家庭氛围对于孩子当然是好的，但是有些关于孩子的话，为了避免给孩子造成恶劣的影响，还是应该背着孩子说，从而避免让孩子钻了空子，说出直击父母心坎的话。父母千万不要觉得孩子还小，根本听不懂大人在说什么，实际上孩子的心思很细腻，耳朵也很管用，有的时候哪怕孩子在一边玩，看似漫不经心的，他们也会把大人的话牢牢记在心里，不知道什么时候就会对大人的话做出反应。

在幼儿园里，王定松简直就是个混世魔王，而且就像没长耳朵一样，对于老师的话充耳不闻。老师说得轻了，他不听，老师说得重了，他又会觉得委屈。

有一次，王定松回家告诉妈妈："妈妈，老师打我了。"虽然知道王定松是个皮小子，但是妈妈听说老师打孩子，还是觉得很担心。吃晚饭的时候，妈妈向爸爸说起王定松说老师打他的事情，也抱怨了老师几句。妈妈还冲动地说："不行的话，就退学不上了，到时候再找更好的幼儿园。"王定松在一边坐着吃饭，时不时地看看爸爸妈妈。

次日清晨，妈妈喊王定松起床，王定松突然撅着小嘴说："妈妈，我不去上幼儿园，老师会打我的。"

妈妈安慰王定松："没关系，妈妈和你一起去，问问老师情况。"

王定松挤着小眼睛，突然哭起来："妈妈，我不去幼儿园，老师都打我啦！"

妈妈听到这句话，突然意识到王定松说话很夸张，就说："老师怎么可能都打你呢！小朋友都要去幼儿园，你也要去，放学了妈妈再接你一起去玩。"就这样，王定松极其不情愿地跟妈妈一起来到幼儿园。妈妈经过询问得知，王定松前一天因为在教室里跑来跑去，被老师批评了，所以才说老师打他。

妈妈后来反思了自己，意识到自己不应该当着孩子的面说不去幼儿园之类的话，导致王定松更加变本加厉，居然说每个老师都打过他，从而想要逃避去幼儿园。妈妈决定，以后再遇到任何情况，都先和老师沟通，不再当着孩子的面说些让孩子钻空子的话。

孩子看起来很小，实际上他们的心思很细腻，所以父母可以民主对待孩子，但是有些与孩子相关的事情，还是要多多留意，从而避免误导孩子，让孩子故意说出对自己有利的话，也避免被父母或者老师误以为孩子是在故意撒谎。总而言之，孩子还小，心思单纯，他们考虑问题不会那么复杂，而是采取直线思维的方式。父母对待孩子，也要站在孩子的立场上考虑问题，了解孩子的心理状态，才能更好地处理好孩子的问题。

对于家有孩子正在上幼儿园的父母而言，不要一味地相信孩子的话，毕竟孩子还小，不管是刻意撒谎，还是因为分不清楚想象与现实，或者是为了实现自己的利益，父母都不要完全相信孩子带有目的性的话，而要了解孩子的内心状态，帮助孩子分析问题，解决问题。

我不想上学，要去捡树叶

孩子也是有情绪周期的，就像很多男人会在某几天恨不得把自己藏在地洞里，谁也不搭理，大多数女人一旦到了生理周期，也会伴随着情绪周期。既然人人都会面临情绪问题，孩子也不例外。此时，就需要父母耐心地引导孩子，帮助孩子疏导和宣泄情绪，度过情绪焦虑期。

大多数父母在孩子进入幼儿园初期，会比较紧张孩子的情绪和心理状态，生怕孩子抵触甚至是抗拒去幼儿园。实际上，孩子哪怕顺利度过进入幼儿园的初期阶段，在此后的幼儿园生涯中，也时常会因为情绪波动，时不时地抵触去幼儿园。在这种情况下，父母不要纳闷孩子为何会突然又抵触去幼儿园，而要多多观察孩子的行为表现，留心孩子的情绪和心理状态。尤其是在看到孩子表现出不愿意去幼儿园的状态时，要及时疏导孩子的情绪，而不要一味地敷衍或责备孩子，最终对孩子起到误解的作用。

黄伊娜已经四岁了，是个漂亮的小姑娘，正在读幼儿园小班。几个月前进入幼儿园时，黄伊娜虽然有些排斥和抗拒，但是还能理智接受。例如在最初的那一个星期里，她每天早晨起床都会愁得掉眼泪，嘀嘀咕咕告诉妈妈："妈妈，我不想去幼儿园，我要在家里玩。"

每当这时，妈妈都会正色告诉黄伊娜："宝贝，每个小朋友都要上幼儿园哦，和小朋友一起玩，到了下午，妈妈就会去接你回家，好吗？"听到妈妈的话，黄伊娜还是一副很委屈的样子。在妈妈坚持说要去幼儿园之后，她很不情愿地说："那好吧！"

去了幼儿园后，她还含着眼泪和妈妈说再见。

转眼间，黄伊娜已经进入幼儿园三个月，俨然成为老学生了。然而，后来一次感冒发烧，黄伊娜一个多星期都在家里休病假，等再去幼儿园时，她表现得特别抵触。她一边起床一边喊着："我不去幼儿园，我不去幼儿园！我要去捡树叶！"

这时，妈妈和以前一样告诉黄伊娜必须去幼儿园，而奶奶在听到黄伊娜说"我要去捡树叶"之后，居然答应黄伊娜："好的，乖乖穿衣服哦，奶奶一会儿带你去捡树叶。"

妈妈听到奶奶的回答，马上制止奶奶："不要骗她啊，妈。"

奶奶不以为然地说："没关系，昨天就说去捡树叶的呀，她不是也乖乖跟着去幼儿园了么！"在吃早饭时，奶奶还是安抚黄伊娜去"捡树叶"。吃完早饭，妈妈和奶奶一起送黄伊娜去幼儿园，不想，在快走到幼儿园门口时，黄伊娜突然扭头就往回跑，口中念念有词："我要去捡树叶，我要去捡树叶，不去幼儿园！"

奶奶赶紧劝黄伊娜去上学，还承诺等到放学带着黄伊娜去捡树叶，然而黄伊娜根本不相信奶奶的话。最终，妈妈只好抱着黄伊娜走进幼儿园，直到进入教室之前，黄伊娜一直都在剧烈地挣扎，这是她从未有过的表现。

当妈妈满身大汗地把黄伊娜交给老师后，黄伊娜渐渐地不哭了。躲在门外偷偷观察黄伊娜的妈妈，这才放下心来。回家的路上，妈妈一本正经地告诉奶奶:"妈,以后不要骗她。你看,虽然骗她能让她在家里不哭,但是进入幼儿园之后,她的反应就会更激烈的。直接告诉她每个小朋友都要去幼儿园,她接受了这件事情,有情绪也可以在家里爆发出来,等到进了幼儿园就不会那么排斥和抗拒了。"

奶奶意识到骗孩子后果的严重性,连连点头。

其实,从最初入园时的表现来看,黄伊娜是可以接受去幼儿园的。正因为如此,她才会含着眼泪跟妈妈一起去幼儿园,也顺利度过了入园初期的各种不适应。而事例中她之所以突然出现如此剧烈的反应,就是因为被奶奶欺骗了,所以很愤怒,也不愿意再相信大人的话。

孩子虽然小,但是很敏感,也知道大人撒谎是为了骗自己。很多父母为了暂时息事宁人,总是毫无原则地欺骗孩子,在孩子面前说些不负责任的话,试图蒙混过关。殊不知,孩子对父母的信任是天生的,而一旦失去父母的信任,父母将会很难在孩子面前树立威信。

因此,明智的父母不要因为任何事情而糊弄孩子,而是要理清楚各种事情之间的关系,坦诚地向孩子讲述,从而帮助孩子更好地面对现实,也接受现实。

一天尿湿五条裤子的尴尬

孩子一旦进入幼儿园,离开了熟悉的家庭环境,不得不与陌生的老师和同学们相处,所以难免会精神紧张。很多孩子在进入幼儿园初期,都特别抗拒幼儿园,等到哭喊着被送到幼儿园后,也就会渐渐地接受。同时,他们的行为习惯也会因为生活环境和生活状态的改变,而发生很大的变化。

很多父母在面对幼儿园的孩子时,都觉得束手无策。例如,有的孩子在上幼儿园之后,夜里会出现夜啼的现象,有的孩子甚至还会尿床。实际上,对于孩子而言,如果在家里也经常尿床或者尿裤子,那么进入幼儿园后继续发生这样的情况实属正常。而有的孩子在家里表现良好,唯独进入幼儿园之后,才会把裤子尿湿,那么父母和老师就要观察孩子是否存在精神紧张和焦虑的情况。有的时候,父母过于溺爱孩子,孩子都三岁了,在家里还给孩子穿尿不湿,也会导致孩子情绪焦虑,出现尿裤子现象;有的孩子可能是因为在幼儿园里与其他小朋友玩得太投入了,导致把撒尿的事情忘到脑后了,所以也出现了尿裤子的现象。

当然,哪怕孩子还很小,尿裤子也会给孩子带来困扰,生怕别人会嘲笑自己。因此,父母要关注孩子的心理健康,找到孩子频繁尿裤子背后隐藏的深层次心理原因,这样才能有效解决孩子尿裤子的问题,从而帮助孩子建立自信。

天宇是八月份出生的,所以他在幼儿园的小班里,是年纪最小的,几乎比头一年九月份出生的孩子小一岁。对于幼儿来说，一年的差距还是非常明显的，天宇不管是在生活方面，还是在理解能力方面，都和那些大孩子有很大的差距。也因为从小在妈妈的精心照顾下长大，所以天宇养成了依赖妈妈的习惯。初入幼儿园时，他经历了漫长的适应阶段，甚至恨不得带着妈妈和他一起进入幼儿园学习和生活。

秋天到了，天气转凉，孩子尿裤子的情况更加严重了。有一天，天宇尿了五条裤子，老师在给天宇换上干净的备用裤子后，不得不用吹风机把他的湿裤子吹干。后来，天宇接二连三地尿裤子，无奈之下，老师只好打电话给天宇妈妈，让天宇妈妈送干净的裤子来学校。

妈妈很纳闷，天宇在家里小便完全可以自理，为何在幼儿园里却频繁尿裤子呢？经过一番观察，妈妈发现天宇几乎每天一放学就要小便，这才意识到天宇应该是看到老师害怕和紧张，不敢表达自己要小便的诉求，才导致的。经过和老师沟通，妈妈让老师勤问问天宇是否要撒尿。果然，天宇尿裤子的情况大大好转。

在这个事例中，天宇之所以尿裤子，是因为他年纪还比较小，看到老师会感到紧张和害怕，所以不敢表达自己要小便的诉求。找到这个原因之后，妈妈和老师沟通，让老师在前期主动问天宇是否要撒尿，这样天宇便可以表达自己的需求，自然也就很少再尿裤子了。

很多幼儿园小班的孩子都会存在尿裤子的情况，当然，孩子尿裤子的原因多种多样，有的孩子是因为顽皮过头，有的孩子是因为紧张过度，还有的孩子是因为在家里穿习惯了尿不湿，所以无法自主意识到自己需要小便。

不管因为哪个原因，随着年纪渐渐增长，如果孩子还是尿裤子，那么懂事的他们就会感到非常自卑，从而影响孩子自身的成长。明智的父母会在孩子进入幼儿园之前提前训练孩子的自理能力，至少教会孩子会主动喝水，自主小便，也要教会孩子吃饭。这样孩子在进入幼儿园之后，就能够更好地照顾自己，更快地适应幼儿园生活。

总而言之，孩子出现一天五次尿湿裤子的尴尬，肯定是有原因的，父母和老师都要用心对待孩子，才能找到潜在的原因。需要注意的是，在孩子突然出现行为异常时，不要以批评或者赞许的方式强化孩子的异常，而要知道，唯有淡化，才能帮助孩子更好地解决问题，恢复如常。在这个方面，不少父母会进入一个误区，即一旦看到孩子犯错误，就盯着孩子，直至孩子改正。殊不知，父母这种不恰当的方式会强化孩子的错误行为，给孩子造成一定的压力。

孩子为何变成左撇子

在没有走出家门之前，孩子每天接触的对象就是父母和长辈，也许还有兄弟姐妹。然而一旦进入幼儿园，孩子就开始接触老师和同学，接触更多的人。这样一来，孩子当然会受到更多人的影响，也会在不知不觉中发生改变。

面对这样的情况，孩子学好了，父母当然觉得欣慰，感受到孩子朝着社会人的属性走近了一步。但如果孩子学坏了，父母就会焦心如焚，毕竟每一个父母对孩子都有着殷切的期望，都希望孩子能够真正成才，希望孩子能够出人头地。

实际上，不管孩子是变得好了，还是变得坏了，孩子都会变得更生动和立体了。随着社会属性的不断发展，孩子自身也在坚持进步和发展。孩子就像是海绵吸水一样，吸收了很多有益的人生养料，也会在无形中受到负面的影响，导致自己在成长的过程中遭到困惑。这些现象，对于孩子的成长经历而言都是正常的，父母也要坦然以对，不要过分惊慌失措。

冰冰进入幼儿园中班之后，换了老师，为此冰冰觉得很新鲜。开学才几天，冰冰几乎每天回家都告诉妈妈："毛老师很高，还很漂亮！"

有一天早晨，冰冰直接要求妈妈："妈妈，我也想扎个毛老师那样的小辫子。"妈妈不由得觉得好笑，因为毛老师扎着长长的马尾辫，而冰冰呢，是三面齐的短发，只能扎个朝天辫，根本没法扎马尾辫。为了敷衍冰冰，妈妈只好给她扎个朝天辫，要知道冰冰在此之前根本不喜欢扎辫子啊。看到冰冰这么崇拜老师，模仿老师，妈妈心中百感交集。虽然孩子喜欢老师是好事，但是妈妈也担心冰冰会过于崇拜老师了。

开学一个月后，有一天吃晚饭时，妈妈突然发现冰冰在用左手拿筷子。妈妈感到很惊讶，心想：冰冰不是左撇子，在此之前从未出现过用左手拿筷子的情况啊！于是，妈妈想要纠正冰冰，毕竟大多数人都是以右手为主，如果冰冰用左手，很多时候就会产生麻烦，诸如在圆桌上和他人一起用餐的时候，或者是长大之后与同桌同坐一桌写作业的时候。

然而，冰冰却很排斥妈妈的话："我就要用左手，毛老师用的就是左手。"妈妈这才知道问题的根源，原来她因为崇拜毛老师，居然跟着毛老师学会了用左手。后来，经过一段时间的观察，妈妈发现冰冰只是吃饭时偶尔用左手，如果过分强迫冰冰改用右手有可能导致事与愿违，而且多用左手还能开发右脑呢，所以她渐渐淡化了这件事情。一段时间之后，也许用左手不那么熟练吧，冰冰渐渐地又改回了用右手吃饭的习惯。

如果妈妈过分强调甚至是强迫冰冰改用右手吃饭，很有可能会导致事与愿违，那就是冰冰非但没有改回用右手，反而会更加频繁和有意识地使用左手。幸好妈妈没有盲目纠正冰冰，而是先尊重冰冰，从而淡化了冰冰使用左手的意识，最终让冰冰忘记对老师的盲目崇拜，改回了使用右手吃饭。

当然，这里并非说孩子使用左手不好，正如妈妈的考虑，多多使用左手还能激发孩子的右脑发育呢。这里的重点是，对于孩子进入幼儿园后突然出现的异常行为，父母要多用心观察，寻找真正的原因，也才能有的放矢引导孩子恢复正常状态，从而有利于孩子的身心发展。

妈妈说得不对，老师才对

自从进入幼儿园之后，孩子原本以家庭生活为重心，渐渐改为以幼儿园生活为重心，以至于孩子和老师相处的时间，比与父母相处的时间更长。因为孩子晚上回到家里之后，就是吃饭睡觉，而白天大部分的时间都在幼儿园里，与老师朝夕相处。渐渐地，有些孩子就会表现出向师性。所谓向师性，顾名思义就是发自内心地崇拜老师，认为老师说的是对的，甚至因为老师的话，而排斥和抗拒父母的话。当然，从孩子在学校里跟随老师学习的角度而言，向师性对于孩子更好地与老师相处是有利的。很多父母也许还记得小时候学习的情形，喜欢哪一个老师，那么那个老师教授的科目也会学得好。

当然，幼儿园的孩子出现向师性，意味着孩子的向师性出现的时间提前了。通常情况下，一年级的孩子出现向师性概率更大，很多时候，向师性要持续到孩子四五年级。在此期间，孩子们会对老师言听计从，会把老师的话当圣旨,甚至会把老师当成是神一样的存在。

正在读幼儿园大班的妙可,表现出了明显的向师性。九月份开学之后,天气一天天转凉,尤其是到了十一月份深秋,父母们因为害怕孩子着凉,更是给孩子穿厚厚的衣服。殊不知,在南方,十一月初的南京中午的温度达到二十度以上,而且也因为教室是朝阳的,所以孩子们进入教室之后,难免觉得燥热,有些孩子在室外活动的时候,衣服都湿透了。有经验的父母都知道,孩子一旦流汗,再被风一吹,就会导致着凉。

为此,老师再三强调:"教室里不冷,只要穿两件就好。"妙可就这样记住了老师的话,每天早晨妈妈拿出衣服给她穿时,她都振振有词:"于老师说的,只能穿两件。"

十一月份的天气,穿两件还行,等到了十二月份,天气冷了,穿两件肯定就会着凉。在一次寒潮来袭时,妈妈拿出轻薄羽绒服要给妙可穿上,不想,妙可又哭又闹,怎么也不肯穿。无奈之下,妈妈只好拿着羽绒服去学校,请老师告诉妙可"天气冷了,以后要穿三件了"。这样,妙可才心甘情愿地穿上羽绒服。

在这个事例中,妙可之所以不愿意穿更多的衣服,是因为她牢牢记住了老师的话,坚持要穿两件。这是妙可表现出来的强烈向师性,因为信任老师,所以觉得妈妈的话都是错的。

孩子的向师性一旦出现,也许要等到小学中高年级才能消失,那么作为父母千万不要因为一时心急就告诉孩子老师说的是错的,这样会导致孩子认知混乱,最终不知道该相信谁的话。其实,不管孩子是相信父母的话,还是相信老师的话,对于孩子而言,只要得到积极正向的引导就够了。父母不要吃老师的"醋",既然老师是孩子心中的楷模和标杆,那么父母完全可以通过与老师沟通，来更有效地引导孩子。

孩子喜欢老师，这对于孩子的学习生活将会起到积极的作用。作为父母，不要觉得老师取代了父母的地位，成为孩子心目中最重要、最有权威的人，就感到失落。毕竟，如今的孩子身心发育都很快，父母要做到正确引导孩子，而不要强迫孩子。尤其是当孩子表现出向师性后，父母更要积极与老师沟通，并且与老师密切配合，才能有助于孩子的成长与发展。

第八章
背上小书包，
从一年级入学开启不同的人生阶段

如果说孩子在幼儿园阶段对交朋友这件事情还是漫不经心的、无意识的，那么在进入小学阶段后，孩子就会开始意识到朋友的重要性。可以说，幼儿园阶段是帮助孩子建立生活的秩序，小学阶段则是在有序的状态下学习，以及发展人际关系。因此，爸爸妈妈要从孩子背起书包成为一年级的小学生开始，面对和解决孩子成长中所遇到的烦恼和难题。

"卖友求荣"的孩子没有好朋友

孩子从进入小学开始，就会自发地发展人际关系，人生进入了崭新的境界。对于孩子成长过程中的诸多烦恼，尤其是在人际关系方面的磕磕绊绊，父母一定要给予孩子更多的关注和理解，从而引导孩子处理好人际关系。

对于孩子而言，人际关系是非常微妙的。孩子刚刚开始开展自己的社会交往，当然会觉得处理好人际关系很难。这种情况下，父母要给孩子保驾护航，才能给予孩子更好的帮助。需要注意的是，孩子是父母的镜子，父母在日常生活中要以身作则，成为孩子的榜样，这样孩子才会模仿父母的样子，形成优秀的品质。否则，哪怕父母在教育孩子的时候告诉孩子要具备很多优秀的品质，也很难得到效果。家庭教育对孩子之所以如此重要，因为父母是孩子的第一任老师，也为孩子营造良好的家庭氛围，潜移默化影响孩子，有的放矢教育孩子，从而为孩子的成长奠定良好的基础。

进入一年级之后，朵朵很热衷于交换，经常用自己价值不菲的玩具、图书，和其他同学交换一些画画用的纸、一根铅笔或者其他不值钱的东西。虽然妈妈觉得朵朵做的是赔本的买卖，但是考虑到朵朵需要朋友，交换也使朵朵得到了更多的朋友，因而妈妈也就任由朵朵去了。

然而，有一天放学时，朵朵突然哭着回到家里。妈妈不明就里，还以为朵朵被欺负了呢，就赶紧把朵朵抱在怀里询问详细的情况。听完朵朵断断续续的讲述，妈妈才意识到朵朵不是被欺负了，而是不小心"欺负"了朋友，导致被朋友绝交了。一直以来，朵朵都把朋友看得很重，虽然她已经主动和朋友道歉了，但她依然被朋友抛弃了，所以她才哭得这么伤心。原来，朵朵知道了小花的秘密——小花不小心把娜娜的铅笔盒弄坏了。朵朵承诺小花一定不会把秘密说出来，然而等到娜娜把这件事情告诉老师之后，老师才刚刚说了一句这件事情是谁干的，朵朵就脱口而出："小花！"

就这样，小花和朵朵决裂了，再也不愿意理睬朵朵，哪怕朵朵主动把自己的午间奶给小花喝，小花也拒绝了。朵朵懊悔地说："我不应该在老师面前表现，出卖朵朵。"

看起来，这件事情还很复杂，怎么样才能把道理准确地讲给朵朵听呢！妈妈沉思片刻，才对朵朵说："朵朵，首先，小花做得不对，她弄坏了娜娜的铅笔盒，应该主动告诉娜娜，向娜娜承认错误。其次，你做的也不对，是否向老师承认错误是小花的选择，你这样直接在老师面前揭发她，就让她失去了主动承认错误的机会，知道吗？作为好朋友，你应该再多给小花一些时间，如果确定小花不愿意承认错误，你再告诉老师真相也不迟，明白吗？"

朵朵似懂非懂地点点头。

仅从表面看上去，朵朵似乎在"卖友求荣"，实际上，朵朵根本不是故意揭发小花的，她只是无法抗拒老师的提问而已。妈妈的回答非常到位，既批评了小花的行为，也教会朵朵勇敢承担责任，还让朵朵宽容地对待朋友，给朋友多一些时间进行自我反省和批评。没有人愿意被自己信任的人背叛，小花之所以这么生气，是因为朵朵辜负了她的信任。

发生事例中这样的事情，小花生气也是情有可原的，朵朵揭发小花也是情有可原的。其实，孩子大多数情况下并非真的在卖友求荣，而是因为他们不知道如何把握好向老师反馈信息的度。当然，孩子还小，对于人际交往的度还不能很好地把握，这就要求父母在面对孩子的时候要以身作则，在生活中潜移默化地影响孩子。尤其要教育孩子珍惜友情，珍重朋友之间的情谊，也在乎朋友之间相处时点点滴滴的信任。

"爱告状"的小屁孩

孩子们进入小学阶段的学习与生活后，爱告状的情况也越来越明显。当"爱告状"的同学给老师通风报信，班级里的同学因而对"爱告状"的同学颇有意见时，老师要纠正他们的观点，让他们意识到"爱告状"的同学并没有错，因为唯有让老师及时了解班级里的情况，才能维持班级里稳定的秩序。作为老师，切勿当着全班同学的面批评"爱告状"的同学管闲事，否则谁还有心情给老师传递消息呢！这就像古时候的皇帝，虽然贵为天子，高高在上，但是却闭目塞听。因而明智的皇帝身边都有几个谏臣，给皇帝提供消息，也为皇帝提出犀利中肯的意见。作为老师，千万不要觉得自己就是无所不能的，毕竟孩子的智慧不容小觑，而孩子之间的矛盾和纷争也时常发生。不管怎样，能够在班级里出现异常情况的时候第一时间得到消息，并及时解决可能会出现的问题，对于老师而言也是非常重要的。

当然，凡事都要一分为二地看待。对于爱告状的孩子，老师也要注意引导，不要刻意激励孩子告状，而要让孩子意识到，很多事情与问题都会自己凸显出来，从而淡化孩子爱告状的心态。尤其不要在孩子告状的时候表扬孩子，鼓励孩子下次再接再厉告状，否则孩子就会变本加厉。归根结底，孩子要养成诚实的本性，一定要避免为了讨好老师而变成"告状大王"。

娇娇九岁了，正在读小学三年级。也许是因为太在乎老师，很想讨好老师吧，娇娇成为班里的告状大王，不管事情和她有没有关系，她都会去找老师告状。渐渐地，同学们都不愿意和娇娇一起玩了。

有一天，娇娇的同学昊宇带了几本立体书来学校，在同学们之间举办了免费借书日的活动，结果大受欢迎。后来，几个同学都争抢着要看同一本书，而调皮蛋家林突然把书撕坏了，昊宇很生气，为此和家林吵了一架。不想，上课铃响，老师走上讲台，点名问家林："家林，昊宇带书来给大家看是做好事，你为何要撕坏昊宇的书呢？"

家林看着昊宇，以为是昊宇向老师告状的，而昊宇无奈地耸耸肩膀，暗示家林他没有告状。可想而知，家林被老师狠狠地批评了一顿，郁闷不已。好不容易熬过一节课，家林来质问昊宇："我不是故意撕坏你书的，你为什么要向老师告状啊！"

昊宇无辜地说："我有那么小气嘛，我反正都批评你了，还要必要再去找老师告状吗？况且，我一直没离开座位，怎么告状的？"这时，家林一下想起了告状大王——昊宇的同桌娇娇。果然没错，平日里最爱参与事情的娇娇这会儿佯装没听见他们说话，一本正经地坐在一边。家林恶狠狠地对娇娇说："长舌妇！"娇娇听到这句话，气愤地哭了起来。

因为爱告状，娇娇不知道得罪了多少同学，可想而知，每个同学知道娇娇告了自己的状，都会对娇娇敬而远之的。毕竟谁也不想被老师批评一顿，更不想每天都被娇娇的眼睛盯着。

孩子为什么爱告状呢？除了因为孩子本身的正义感之外，有些孩子之所以爱告状，是为了对老师示好，在老师面前表现自己。他们的心思很单纯，觉得老师每天除了上课就在办公室里，不知道班级里的情况，一定很着急。所以他们自以为告状之后老师会感谢他们，也会对他们刮目相看。当然，真相并不是这样的。真相是老师每天上班就已经很累了，根本不想再听到孩子们传来的小道消息，只想安安静静地休息一会儿，改改作业。尤其是班主任，原本就要操心班里各种各样的事情，他们更不愿意为了孩子们之间发生的小小摩擦耗费太多的精力。所谓眼不见为净，所以老师可不想人在办公室，眼睛还留在教室里。

实际上，三年级的孩子已经不小了，也懂得了一些事情，以及做人做事的道理。他们彼此之间相处也有一定的分寸和原则，只要不是过分打闹，老师应从给予孩子自主空间的角度考虑，不应该过分干涉孩子，更不能把孩子看得死死的。所以对于告状的孩子，老师可以告诉他们管好自己的事情，如果同学之间闹矛盾了，有需要的话要来向老师求助。当然，如果事情紧急，老师也是很欢迎同学来通风报信的，以便老师及时控制事态的发展。当然，这样的话点到即可，老师还要注意保护告状同学与自己亲近的积极性，不能打击他们的自尊心。总而言之，孩子的心理比较脆弱，老师经常与孩子接触、交往，更要谨言慎行，才能做到适度，把握分寸。

为何他作业本上的五角星比我多

上小学的孩子，正是表现欲很强的时候，也渐渐懂得了争强好胜，因而学习稍微好些的同学就会盯着其他水平相当的同学，希望自己能够在班级里出类拔萃，得到老师的认可和表扬，也得到更多的成就。当然，也因为孩子这段时期渐渐懂得道理，但又不是特别懂道理，所以他们总是会说出一些让人啼笑皆非的话，也非常渴望得到老师的赞许，丝毫不懂得掩饰自己。所以说，小学是一个非常关键的时期，孩子不但在学习上进入转折点，身心发育也处于至关重要的时刻。

转眼之间，娜娜和朵朵成为小学三年级的学生了。原本是好朋友的她们，在学习上也不相上下，甚至你追我赶。每次考试，娜娜和朵朵的排名都靠得很近，有的时候娜娜在前，有的时候朵朵在前，简直难分伯仲。

十一国庆长假之后，同学们都交上作业。等到作业发下来，娜娜突然发现朵朵作业本上比她多了好几颗五角星。为此，娜娜不服气了，当即拿着作业本去找老师："老师，我的钢笔字考级和朵朵一样都是五级，我的作业上错误和涂改的地方也比朵朵少，为什么朵朵比我多了好几颗星呢？"听到娜娜的质疑，老师一时不知道该如何回答。毕竟老师一下子批改这么多作业，也不可能认真地再去对比，而且老师批改作业也不是一次完成的，有可能先改一部分，有时间了再继续改，所以哪里能想到把两份相差无几的作业给出了不同的星星呢？看到娜娜认真的样子，为了避免打击娜娜的积极性，老师只好灵机一动，说："娜娜，你写作业一直都很认真，老师觉得这就应该是你的水平。不过呢，朵朵以前写作业的时候涂改多，我觉得她这次进步比较大，终于快要追上你了，所以多给她几个星星鼓励她呢！"

"老师，你是说我写作业比朵朵认真吗？"娜娜瞪大眼睛问，老师点点头，娜娜这才喜滋滋地拿着作业本离开了。

孩子就是这么敏感，哪怕只是看到竞争对手的作业本上比自己的作业本上多了几个星星，她们也觉得难以接受。难道只有女孩子心思细腻，所以才会这样吗？当然不是，很多时候，男孩也会有类似的表现。所以作为老师真的很不容易，不但要看到孩子点点滴滴的进步，还要照顾到孩子们的情绪，保护他们脆弱的自尊心，简直是面面俱到啊！

当然，事例中老师对于娜娜的回答只能算是权宜之计，而不能作为完美答案。在暂时缓解娜娜的情绪之后，老师接下来要做的就是帮助娜娜摆正心态。要知道，一个孩子哪怕再优秀，也不可能在所有方面都比其他同学高出一筹。因而老师要让娜娜学会认识到其他同学的优点，也客观中肯地评价自己，接纳自己的缺点和不足。唯有如此，娜娜才能端正自己对待学习和其他同学的态度，不再因为朵朵的作业本上比她多几个五角星，就觉得难以接受。毕竟，在漫长的人生中，娜娜还会无数次遇到与自己不分伯仲的竞争对手，如果总是因为对方超越自己一点点就感到难以接受，那么她还如何坦然面对人生呢！

作为父母，在教育孩子的过程中，也要留心多多引导孩子。很多时候，孩子之所以唯我独尊，恰恰是因为父母长久以来都毫无原则地表扬孩子，最终导致孩子对自己产生了错误的认知。作为父母，要想给孩子树立榜样，对于自己的态度也应该中肯，既要看到自己的优点，也要看到自己的缺点。这样孩子才会和父母学习，及时反思自己，也剥开迷雾看清楚自己。父母尤其不要对孩子无原则地迁就和姑息，而是既要肯定孩子的优点，也要指出孩子的缺点，这样才能督促孩子不断进步，发展自我，成就自我。总而言之，金无足赤，人无完人，不管是父母还是孩子，都不可能是绝对完美的。但作为父母，也要有知道和了解孩子的意识，引导孩子不断进步，完善自我。

老师说，老师说……

在没有进入学校之前，孩子们往往会把爸爸妈妈的话当成圣旨，不管什么事情都听爸爸妈妈的。但是在进入学校之后，爸爸妈妈在孩子心目中的地位就会渐渐降低，而被老师取而代之。因此，在这个阶段，孩子总是把"老师说……"挂在嘴边上，甚至把爸爸妈妈的话都当成了耳边风。这种情况下，曾经在孩子面前说一不二的爸爸妈妈当然很容易产生失落的情绪，同时也担心孩子过于相信老师的话，失去了自己的判断。

其实，这样的担心完全是多余的，随着孩子渐渐长大，他们会越来越有主见，很多孩子到了中高年级，就不会再把老师的话当圣旨了。

人类正是在不断地质疑和推陈出新的过程中，才渐渐取得进步的。孩子的成长也是如此。要想避免孩子盲目地相信某个在自己的生活中非常重要的人物，父母就要改变教育孩子的方式，不要总是把孩子管得死死的，不给孩子任何自由的空间。

记得有教育专家说，如果孩子非常叛逆，那么往往意味着父母的教育方式出了问题。因为一个孩子如果在民主平等的家庭氛围中长大，就不会缺乏主见，逆来顺受。相反，他们很乐于发表自己的想法和观点，在与他人有不同意见时，也始终能够勇敢表达。当父母培养孩子渐渐形成了这样的思维方式和行为习惯，孩子在崇拜老师的时候就不会那么盲目。很多孩子对老师特别崇拜，甚至有的孩子把老师看成神，难以想象老师也需要喝水吃饭，也和正常人一样生活。因此，父母要打破孩子心目中关于老师的神话，让孩子不要盲目崇拜老师。

上了一年级没几天的阳阳,突然间多了一句口头禅"老师说……"每当听到阳阳脱口而出"老师说……",妈妈真的有些吃醋,总是在心中暗暗想道:妈妈辛辛苦苦养了你这么多年,什么时候见你把妈妈的话挂在嘴边啊!然而,不管妈妈是否心中如同打翻了五味瓶一样五味杂陈,阳阳依然动辄"老师说……",简直是把老师的话当成了圣旨,对老师的话言听计从,成了老师的忠诚粉丝。但是转念一想,妈妈也觉得欣慰,毕竟孩子未来的学习生活中要以老师为主导,那么孩子听老师的话也就有益于学习。既然如此,妈妈也就不再吃醋了,毕竟一切都是为了孩子好啊。

一个周末,妈妈原本想睡个懒觉,阳阳却想方设法把妈妈喊醒,说:"老师说,周末的时候要早起锻炼身体,因为身体是革命的本钱,也是学习的本钱。"看到阳阳煞有介事的样子,妈妈觉得很好笑,不过她还是起床配合阳阳的晨练计划。果然,老师的话拥有强大的推动力,阳阳围着半个玄武湖跑了一圈,虽然一会儿跑一会儿走,但是他一直坚持着。看着阳阳的巨大的进步,妈妈欣慰极了。不过,妈妈也有些担忧,因为老师也是人,不是神,假如阳阳总是盲目迷信老师,是否会缺乏怀疑的精神,也缺乏创造力呢?

正如事例中妈妈所想的,从孩子学习的角度来看,对于老师的崇拜对他们的学习会起到推动和促进的作用。诸如,孩子相信老师,才愿意跟随老师学习,对于老师传授的知识和灌输的思想、理念等,也能够主动接受。曾经有心理学家进行过相关研究,证实孩子们各科学习成绩的好坏与他们是否喜欢那一科目的老师密切相关。从这个角度而言,孩子崇拜老师,可以促进孩子的学习,也有助于师生之间的良好互动。

发现孩子总是说"老师说……"时,父母完全没有必要感到失落,而应该引导孩子理智地崇拜老师，从而为孩子的学习和成长起到积极的推动作用。

到底是真"欺负"还是假"欺负"

孩子们在一起疯狂玩耍时，有肢体上的接触是在所难免的。有的时候，孩子还小，会把其他同学无意间的触碰也当成是"打"，在向父母复述的时候就难免添油加醋，也导致父母心绪起伏不平。实际上，父母不要小瞧孩子，而要相信孩子有能力处理好与人相处的问题。而且，孩子在学校里发生的很多问题，也可以求助于老师，作为父母，最好不要轻易介入孩子在校的事情。

其实，孩子们从一年级开始就在同一个班级一起学习，共同生活，随着相处的时间越来越长，孩子们之间的相处也会更加和谐融洽。有的时候，孩子彼此之间并没有所谓的吃亏和占便宜的想法，反倒是父母因为总是害怕孩子吃亏，最终挑起了事端。

小小真的很小，因为出生的时候是早产儿，所以小小在很长时间里都是班级中最矮小的，体质也很差，经常生病。身体羸弱的小小在班级里经常被其他同学欺负，回到家里就呜呜地哭，他自己根本不知道该怎么办。

一开始，当听说小小被哪个同学欺负了，爸爸妈妈总是为小小出头，去找老师或者打人同学的家长沟通。然而，渐渐地，整个班级里至少一半的家长都被爸爸妈妈找过了，同学们也给小小起了个名字，叫"瓷娃娃"，意思是小小连碰也不能碰。就这样，同学们都不愿意和小小玩了，爸爸妈妈这才意识到问题的严重性。后来，小小再回家告状有同学打他了，爸爸妈妈就引导小小自己解决问题："小小，你都上二年级了，是个男子汉了，要自己想办法解决问题。如果有人打你，你就打回去，也打他们，这样他们下次就不敢再打你了。但是你也要注意区分同学到底是真欺负你还是假欺负你，有的时候同学只是逗你玩呢，你要是太认真了，大家下次就不愿意跟你玩了。"

小小疑惑地说："什么叫真欺负，什么叫假欺负呢？"爸爸也被这个问题难住了，的确，要让孩子根据感觉判断这个问题还是很难。沉思良久，爸爸才说："如果是真欺负你，同学就会总是欺负你。例如他打了你一下，见到你没还手，又来打你，这就是欺软怕硬，你必须与他们对抗。再如，同学只是课间跑着玩的时候不小心碰到你了，也许把你碰得很疼，但是他们不是故意的，所以你不要与人打架。"

小小又说："那除了课间不小心碰到我的同学，其他同学都是真欺负我，我就要揍他们。"

爸爸赶紧又说："不过同学之间要讲究谦让，其他同学揍你一下，爸爸觉得只要没有造成什么后果，你完全可以忍耐和宽容他一次。等到下次他又欺负你，你再还手也不迟。"

事例中的故事，相信很多父母都遭遇过。当孩子走出家门，走入学校时，他们也就迈出了社会生活的第一步，成为真正具有社会意义的人，也拥有了自己的社交圈子。当然，孩子们主要是在学校里和同学相处，按理说这种人际关系已经非常简单了，但是孩子们在一起难免会磕磕碰碰的，如何教会孩子进行自我保护，也就成为父母无法回避的问题。

就像事例中爸爸所说的，既然是同学，适当的谦虚忍让也是应该的，所以父母千万不要一听到孩子受到欺负就火冒三丈，甚至撺掇孩子和其他同学打架。当然，让孩子一味容忍也不可取，否则孩子的性格就会变得越来越软弱怯懦，最终成为人人都想捏一捏的软皮蛋。唯有适度忍让，并适时地根据情况发起反击，才能做到既团结其他同学，也坚决维护自己的权利和利益，从而拥有好人缘。

此外，父母还需要注意：如果父母总是介入孩子的人际交往中，也会导致孩子人缘很差，甚至被其他同学孤立。在这种情况下，父母一定要保持冷静，不要看到孩子吃一点点亏，就马上冲上前去，从而引起双方家长的不愉快。孩子其实是不记仇的，很多时候父母因为孩子的问题与他人发生争执，也许父母之间还没吵完呢，孩子们又玩到一起去了。

因此，父母可以像事例中爸爸所做的那样，不让孩子一味忍让，但也要教会孩子辨识什么是真欺负，什么是假欺负，从而帮助孩子有效保护自己。记住，孩子的问题要尽量让孩子自己解决，父母不可能永远陪伴在孩子身边，更不可能永远保证孩子的生活安全。所谓授人以鱼不如授人以渔，唯有让孩子掌握解决纠纷和矛盾的办法，孩子长大成人之后才能应对更为复杂的人际交往。

有暴力倾向的攻击者

细心的父母会发现，孩子有的时候会表现出主动攻击的特点。如在其他小朋友与他相安无事的情况下，他也会对其他小朋友突然发起攻击，从而挑起人际纷争的事端。小朋友打人并不需要什么理由，也许毫无征兆地就动手了。在这种情况下，被打小朋友的父母如果站在一边，未免会感到非常气愤，然而，对于孩子而言这是完全正常的现象，只要没有严重后果，父母还是要幼吾幼以及人之幼，对有暴力倾向的攻击者以讲道理为主，切不要与孩子一般见识，以成人的力量与孩子抗衡。

孩子为何喜欢攻击他人呢？

这是因为他们有暴力倾向，或者说他们受到他人潜移默化的影响。虽然孩子的攻击看似没有任何诱因，实际上，只要父母认真用心地观察，就会发现孩子动手并非毫无缘由。诸如有些孩子是因为想夺取其他小朋友的玩具，所以直接去抢，抢不到就展开人身攻击，推搡其他小朋友。这样霸道的孩子基本都是因为在家庭生活中被骄纵无度，养成了唯我独尊的坏习惯，恨不得把所有好玩的玩具都据为己有。虽然如今大多数孩子都是独生子女，被爸爸妈妈和长辈含在嘴里怕化了，捧在手里怕摔了，但是父母在教养孩子的过程中依然要特别注意，避免不知不觉中就给孩子养成这样的坏习惯。

在年幼的孩子里，有攻击性的孩子也许不会受到惩罚，但是对于比较大的孩子而言，对那些总是抢他人的东西、对他人展开攻击的孩子，也许孩子们会联合起来疏远他。显而易见，这对于孩子建立和发展人际关系是有弊无利的。所以说，孩子具有暴力倾向，喜欢攻击他人，不但是在给他人制造伤害，也是在给自己制造人际交往的屏障，很容易导致孩子陷入孤立无援的境地。

父母在教养孩子的过程中，要做到防患于未然，先引导孩子形成良好的行为习惯，然后再帮助孩子形成优秀的品质，这样孩子就能很好地控制自己，而不会一味地一意孤行了。

在班级里，几乎每个同学都不喜欢和小飞玩。原来，小飞身强体壮，常常仗着自己块头大，欺负其他同学。渐渐地，同学们就形成了联盟，一起排斥和抵触小飞。归根结底，小飞还是个孩子，他的很多攻击行为目的很单纯，所以当他看到自己没有朋友了，也觉得很伤心。

中午吃完饭，几个同学正围坐在一起看书，小飞也想看，便凑了过去。正当小飞准备抢其中一个同学的读物时，几个同学突然一起针对小飞，七嘴八舌地指责和批评他。此时，人高马大的小飞也有些胆怯了，赶紧落荒而逃。后来，他就不敢再和几个同学抗衡了，而是欺负那些落单的同学。

为此，同学不止一次地在老师面前告他的状。还有一次，有个同学的父母特意找到老师，反映了小飞的暴力倾向，老师也非常重视，当即和小飞的妈妈取得联系。妈妈也告诉老师小飞的苦闷，老师建议妈妈回家之后引导小飞学会隐忍，尤其不要和同学发生冲突，更不要仗着力气大就欺负同学。正所谓江山易改，禀性难移，小飞的改变当然也很难进行。在妈妈耐心的引导下，小飞才有了一点点改变，也有效改善了与同学之间的关系。

毫无疑问，事例中的小飞是有暴力倾向的孩子，所以才会在班级里欺负大部分同学，也遭到大部分同学的抵触。当孩子面对这样的人际交往困境时，父母也必然觉得很发愁，毕竟现代社会人际关系被提升到前所未有的高度，孩子要想幸福快乐地成长，必须有同龄人的陪伴。所以当在家里看到孩子表现出暴力倾向时，父母不要觉得无关紧要，甚至在孩子犯了错误攻击了其他同学之后，还有意识地维护孩子。这样必然导致孩子的攻击行为变本加厉，也会使孩子的暴力倾向更加明显。

有些孩子在以暴力获得利益之后，会感到沾沾自喜，这种情况下如果父母不能及时批评他们，反而认可或者默许他们的行为，那么他们就会认为自己的行为是正确的，也因此不对自己进行反省。曾经有人说，如果一个孩子在家庭里没有得到好的管教和约束，那么有朝一日孩子必然需要在社会生活中补缴学费。

对于孩子的教育问题,父母千万不要觉得无关紧要,在孩子的可塑期内,父母更要对孩子多多用心,及时纠正孩子的方向,从而为孩子塑造更美好的未来。父母一定不要护短,不要袒护自己家的孩子,而要坚决地告诉孩子打人是不对的,这样孩子才能意识到自己行为的严重性,从而主动自发地渐渐改变,也接受父母的监督和提醒。

当发现孩子表现出暴力倾向时,父母也不要过于焦虑和紧张,毕竟孩子还小,还没有完全定型,只要父母采取合适的方法,孩子总会渐渐改变的。

首先,父母可以引导孩子以和平的方式解决问题。有的父母在看到孩子表现出暴力倾向时,就会批评孩子,甚至对孩子动手,这恰恰给孩子树立了不好的榜样,起到事与愿违的效果。

其次,很多孩子的暴力倾向都是在盛怒之下表现出来的,经验丰富的父母知道要给孩子一定的时间平复情绪,才能使孩子恢复理智。

再次,如今是信息大爆炸的时代,很多信息都会通过各种媒体或者渠道传播,父母要避免孩子看到那些暴力事件的信息,也不要给孩子看带有暴力色彩的影视剧。孩子的学习能力是很强的,有的时候无心看到的场景就会被孩子记住,并且被孩子模仿,这个要想再改变孩子就很难了,所以明智的父母会未雨绸缪,防患于未然。

最后,父母还要反省自己的教育方式,是否给予了孩子公平的对待。很多父母对待孩子的态度很生硬,而且方式也很简单。这样一来,父母又如何要求孩子满怀耐心,温柔地对待这个世界呢?

总之,孩子不是天生就有暴力倾向的,当孩子出现暴力倾向时,父母一定要多多用心找到原因,有的放矢地改变孩子在各方面的表现,这样孩子才能健康茁壮地成长!

妈妈，我也要和她一样的书包

现在的孩子越来越爱攀比，如果只是比自己的吃穿和文具用品，还算是好的，有的孩子还会攀比家里住多大的房子，爸妈开什么样的车子，甚至爸妈是做什么工作的。这不由得让人感慨现在的孩子简直太早熟了，也现实得让父母感到心惊胆战。

其实，这对于孩子的成长而言是正常的必经阶段，因为孩子的自我意识越来越强，他们的自尊心和自信心也逐渐凸显，因而他们变得更加爱争风头，想要与他人一决高下，才能满足自己的自尊心和自信心。

然而，孩子毕竟是孩子，他们还不能客观、中肯地评价自己和他人，也无法对生活做出准确的判断，当他们盲目地去攀比时，他们就会无意间走了歪路，导致虚荣心爆棚，这对于他们形成健全的人格和优秀的品质以及正确的价值观，都是没有任何好处的。所以对于孩子的攀比心理，父母必须引起足够的重视，千万不要觉得孩子的攀比就是小屁孩吹牛的资本，而要意识到攀比将会给孩子的身心健康带来很大的负面影响。

笑笑是个大大咧咧的孩子，从小穿着哥哥穿剩下的衣服长大，就像是个顽皮的假小子。然而，随着年龄增长，已经读小学三年级的笑笑变得越来越敏感，心思也更细腻了。有一天放学，笑笑对妈妈说："妈妈，你快看恩琪的书包，我也想要那样的书包。"

妈妈看了看，原来恩琪用的是带轮的背包，考虑到笑笑上了三年级，书本也沉重了很多，所以妈妈几乎不假思索就答应了笑笑的请求。次日，妈妈就把新书包买回了家，笑笑高兴极了。

又过了几天，笑笑有些害羞地对妈妈说："妈妈，我想要一条新裙子。"

"哦？"听到笑笑居然主动提出要穿裙子，妈妈觉得很惊讶，因为在此之前笑笑根本不愿意穿裙子，只喜欢穿裤子，这样她就可以像男孩子一样调皮捣蛋啦。妈妈问："你怎么突然想穿裙子了呢？"

笑笑告诉妈妈："我的同桌川川就有一条漂亮的新裙子，是她小姨送给她的，还带蝴蝶结和蕾丝边呢，穿上就像公主一样。"妈妈又满足了笑笑的心愿，殊不知，从此之后笑笑的心愿越来越多，不是要名牌的鞋子，就是要漂亮的发卡，简直让妈妈应接不暇。

笑笑不是突然意识到自己是女孩子才有了这么多需要的，而是因为她萌生了攀比的心态，总觉得其他同学有的，她也要有。现代社会，物质生活水平极大提高，经济也飞速发展，所以父母总是竭尽所能地给孩子们提供更好的生活条件。然而，正是因为如此，孩子才理所当然觉得自己的每一个要求都要得到满足，他们的欲望也越来越多，越来越大。尤其是当看到班级里其他同学的书包比自己的好，穿的鞋子比自己的更加名牌，衣服也更昂贵时，他们很容易就会陷入攀比的心态中，导致自己陷入欲望的深渊，无论如何也得不到满足。就像事例中的笑笑，什么都要和同学一样或者超过同学，与之前简直判若两人。

那么，如何才能消除孩子的攀比心理，让孩子健康成长呢？

首先，很多父母本身就爱攀比，总是当着孩子的面说谁谁家买了一辆豪车，谁谁家换了一套大别墅。孩子整日听到父母说这些与人攀比的话题，难免潜移默化受到影响，也渐渐地形成"金钱第一"的错误观点。因而要想从根源上杜绝孩子产生攀比心，父母就要以身作则，更多地关注孩子的精神成长，而不要误导孩子。

其次，每个人都有很多欲望，越是攀比心切，人们的欲望也就越多。一旦陷入欲望的深渊，别说孩子了，就算成人也无法顺利摆脱欲望的束缚和禁锢。所以面对孩子提出的很多要求，父母千万不要有求必应，而要学会拒绝孩子不合理的要求，并且告诉孩子为何要舍弃这个要求。渐渐地，孩子就会知道人生中并非每个欲望都能得到满足，也并非所有要求都被视为理所当然，他们会意识到人生之中离不开取舍，唯有正确取舍，才能让自己变得轻松，不被欲望裹挟着前行。

现实生活中，有很多父母总觉得经济能力尚且可以，就对孩子的所有要求都无一例外地答应下来。殊不知，这不是花多少钱的问题，而是对孩子的欲望养虎为患的问题。所以明智的父母哪怕家财万贯，也不会满足孩子的索求无度。

还记得几年前的一则新闻，有一个单亲妈妈一直竭尽全力地供养孩子读书，还花费重金把孩子送到国外，但是就在她无法满足孩子对金钱越来越大的欲望时，孩子飞回国内，思念孩子心切的妈妈去机场接孩子，却被满心愤怒的孩子连捅了好几刀。每一个看到这则新闻的父母，在感慨孩子薄情寡义的同时，也不由得反思这位含辛茹苦的单亲妈妈在教育孩子方面到底出了什么问题，才招致孩子极度的憎恨。其实，这位单亲妈妈什么也没做，就是始终倾其所有地为孩子付出，最终让孩子觉得妈妈满足他的一切需求都是理所当然的，而当妈妈能力不足时，自然成为他享受人生的第一个且是唯一的敌人。这个妈妈的遭遇，让每一位父母都不得不深思。

最后，当孩子沉迷于攀比之中时，他们往往觉得自己拥有的一切不如其他孩子。这种情况下，孩子是很自卑的，所以才会自惭形秽，才会变得更爱攀比。实际上，真正自信的孩子不但会看到其他孩子的所有，也会看到自己的所有。例如：一个自信的孩子也许没有富爸爸，但是他有爸爸的陪伴，这是任何金钱也买不来的；一个自信的孩子也许不能住在大别墅里，但是他有着幸福的一家三口；一个自信的孩子也许觉得自己长得没有其他同学漂亮，但是她能够意识到自己身体健康、非常聪明，也知道这是父母赐予她的最好礼物。

总而言之，当孩子变得自信，他们就不会一味地盯着自己不如其他同学的地方，而是尽情享受自己的所有。这样的孩子，无疑是更加快乐和幸福的。

你们为什么批评我

每一个孩子都曾经被父母和老师批评过，这是因为孩子成长的过程就是不断犯错的过程，他们的有些错误是可以被谅解和原谅的，有些错误却是不能被宽恕的，所以作为孩子的监护人，父母理所应当要批评孩子。如果孩子是在学校里犯了错误，老师也难免会批评孩子。可以说，孩子是在不断犯错和偶尔被批评的状态下长大的。然而，如今的孩子大多数都是独生子女，从小都被泡在蜜罐里，总是被父母和长辈呵护与疼爱，很少被批评，这也直接导致孩子的心理非常脆弱，一旦被批评就变得沮丧失望。尤其是在学校里，他们更不能接受老师的批评，否则就会因此而怀疑老师，怀疑自己。不得不说，孩子的确是太脆弱了。曾经有心理学家说，如今的孩子不缺吃不缺穿也不缺少关爱和赞美，唯独缺少的就是挫折教育。试问，有谁能一帆风顺地度过一生呢？既然每个人的人生注定都是不平静的，也不可能完全顺心如意，那么父母就要教会孩子坦然接受批评，从容地面对成长。

很多孩子被批评之后，或者产生逆反心理，或者说出让人生气的混账话，导致父母火冒三丈，恨不得马上把孩子塞回肚子里。然而孩子惹人生气也是暂时的，等到孩子怒气全无，变得乖巧时，他们又会成为父母的心肝宝贝。所以不管是父母还是孩子，都要搂住火，千万不要如同炮仗一样点火就炸。其实换位思考一下，被孩子质疑"你们为什么批评我"，对于父母而言完全无需生气。假如父母在工作中无缘无故被上司批评，那么父母一定也想弄清楚自己为什么被批评吧。孩子也是如此啊，孩子探寻原因并非对抗批评，而只是想找一个让自己心服口服的借口而已。

要想让孩子心甘情愿地接受批评，父母就要减少无缘无故发火的次数，而是应本着对孩子负责任的态度，对孩子进行正确的、有必要的批评。很多父母常常把孩子当成自己的出气筒，殊不知孩子小时候也许不懂得维护自己的权益，但是当他们渐渐长大，如果父母的批评不能使他们心服口服，他们就不会心甘情愿听从父母的建议了。这种情况下，父母要把对孩子的教育工作做得细致，而不要总是敷衍了事，更不要因此激起孩子的逆反心理。

现实生活中常见的现象是，不管是父母还是老师，都很容易一时生气对着孩子劈头盖脸地一顿数落。这非但不能解决问题，反而会使孩子变得叛逆，更不愿意向父母、老师敞开心扉，也因此导致与父母、老师的沟通受到阻碍。

其实，艺术总是来源于生活又高于生活的，影视剧中存在那么多的误会，现实生活中也好不到哪里去。因为中国人历来不擅长表达感情，所以亲子关系也总是非常沉闷，很难达到如同西方国家中家庭那样民主和谐。之所以出现这种情况，有很大的原因都在父母身上，不得不说，我们都太厌烦倾听孩子了，也因此错过了孩子心中最真实的表达。如果想把批评的话说到孩子的心坎里去，父母和老师首先要认真倾听孩子，要尊重和理解孩子，更要平等对待孩子。这样，孩子才会越来越信任父母和老师，也会针对父母和老师的批评展开自我反省，从而与父母、老师之间建立起良好的人际关系。

　　需要注意的是，这并非让父母和老师都不要批评孩子，实际上对于孩子的成长而言，批评是最不可缺少的。我们难以想象如果一个孩子从未接受过批评，要如何长大。既然如此，最好的做法就是掌握批评的方法，让孩子心服口服，接受批评，也主动反思自己。古人云，一日三省吾身，当孩子对于批评的态度也能如此积极主动，相信批评会带给孩子更多的收获。

第九章
养儿育女，
父母不可不知的儿童怪诞行为秘密

在养育孩子的过程中，每一个父母都在窥探孩子的秘密，洞察孩子的内心。尤其是当孩子出现怪诞行为的时候，父母更应该尊重和了解孩子，而不要一味地嫌弃孩子，导致与孩子之间关系恶劣。其实，亲子关系也是普通人际关系的一种，在亲子关系中，父母占据主导地位，对亲子关系的优劣起到决定性作用。

你凭什么管我

很多父母都觉得自己生养了孩子，因而孩子就要完全依附于父母，所以他们对孩子从来不懂得尊重，而是常常把孩子当成私有物品去占有。殊不知，这样日久天长，孩子必然与父母之间越来越生分，甚至很多孩子因为叛逆，而与父母成为陌路人。最近，中央电视台倪萍主持的大型公益寻人节目《等着我》，又拉开了温情的大幕。在这个节目上，很多人都与日思夜想的亲人朋友团聚，也有很多人带着遗憾回到台下。曾经有人调侃说看这个节目必须准备好手帕，很多嘉宾泪洒当场，电视机前的观众更是忍不住掉泪。记得有一期节目的结果使人遗憾，有一对八十多岁的教授夫妻，去节目上寻找自己的儿子。原来，他们的儿子自从考上大学之后，就与父母彻底断绝关系，也换了手机号。为了彻底撇清和父母的关系，儿子还与父母的所有亲戚朋友也断绝了来往。在节目上，父母老泪纵横，寻人团也花费了很多的时间和精力寻找儿子，并且在找到儿子之后试图说服儿子与父母团聚。然而，节目上的寻人大门打开，里面空荡荡的，老夫妻俩最终没有等来儿子，也没有打开儿子的心结。到底是什么原因，使得儿子对父母的怨恨如此深呢？

原来，这对父母对于孩子的控制欲非常强，从来不懂得尊重孩子，而是认为既然儿子是自己生养的，就要完全听从自己。父亲打骂过儿子，然而寻人团最终从儿子那里得到的反馈是，儿子不因为父亲对自己的打骂而记仇，而是对父母冷言冷语的嘲讽，觉得无法承受，甚至感到灵魂要窒息了一般。当一个儿子如此来形容自己的父母，可想而知他的心里曾经遭受过怎样的绝望。对于这样的、亲子关系，有的朋友支持父母，觉得父母是为了孩子好，不应该被嫌弃，有的人支持儿子，说自己能够体谅儿子心底里的绝望和恨不得去死的心情。归根结底，亲子关系出了问题，原因并不是出在某一个人身上。孩子小的时候父母在亲子关系中占据主要的位置，所以父母要承担更重要的责任。

如今，很多父母都为孩子的叛逆头疼，总觉得生出一个叛逆的孩子是人生中最倒霉的事情，有的父母甚至被孩子气得哇哇乱叫，即将崩溃。那么，孩子难道是生来就很叛逆的吗？当然不是，每个孩子在呱呱坠地时都如同一个天使，他们带着纯洁的心灵来到世界上，等着在人生的画卷上描摹涂色。不管是人之初性本善，还是人之初性本恶，孩子都是无辜的。孩子正处于一个"染之苍则苍、染之黄则黄"的人生阶段，父母一定要用心呵护孩子的成长，才能避免孩子走上人生的弯路。而父母对于孩子的一切指引，都要建立在良好的亲子关系的基础上。试想，孩子根本不愿意与父母交流，父母又如何能够打开孩子的心扉，与孩子更好地沟通、协调和解决各种问题呢？

自从进入五年级，石磊就住校了，因为他的爸爸妈妈都在外地工作，再加上五年级学业越来越紧张，他没法继续每天奔波十几里路，回到爷爷奶奶身边。然而，五年级的男孩正处于青春叛逆期，对于做人做事的道理也似懂非懂。一旦离开成人的监护，原本品学兼优的石磊很快就学坏了，经常和同学打架，最终老师不得不通知石磊远在外地的父母。

这么些年来，父母之所以一直在外打工，就是为了石磊这个宝贝儿子。当接到老师的电话之后，父母马上请假，坐上最快的客运车赶回家里。已经半年没见到石磊的父母，一见到孩子不由得大吃一惊，原来石磊已经长成了半大小伙子，才半年的时间就长高了半头。父母既高兴，又担忧，高兴的是儿子长大了，担忧的是长大了的儿子还能听从父母的管教吗？父亲还是那个暴脾气，把石磊带回家里之后，当即抽出皮带要抽打他。妈妈劝说不住爸爸，正在着急之际，石磊抓住了爸爸的手，用冷漠的眼神看着爸爸，冷若冰霜地说："你有什么资格管我？"

爸爸没有想到石磊会说出这样的话，不免愣住了。石磊继续说："你们从未陪我长大，对我负责，也没有资格管我。从此以后，我自己管自己，就不劳你们大驾了！我不想读书了，我要和朋友一起去打工挣钱，以后我也不会花你们的钱！"

石磊话音刚落，妈妈的眼泪就流下来了，爸爸也不由得叹了一口气，颓废地放下高举起皮带的手。他们这才意识到，孩子长大了，不再服从父母的管教了。再想想他们这些年来在孩子身上的付出，他们也未免觉得羞愧，不知道该如何继续管教儿子。

如今，很多农村家庭里，父母都负责在外面打工挣钱，而孩子则留在家里和爷爷奶奶一起生活。这样的生活现状，导致孩子心理扭曲，由于长期缺乏父母的爱，因而对父母感情冷漠。很多父母都为自己辩解，说自己是为了养大孩子才四处打工的，殊不知对于孩子而言，物质上是贫穷还是富裕并不是最重要的，重要的是他们的成长过程中父母不能缺席。留守在农村的子女，由于在成长中长期缺少父母的爱，所以导致与父母的感情非常浅淡。这种情况下，父母更不要对孩子颐指气使，而要把握好分寸，和谐地与孩子交流，才能赢得孩子的尊重。

不管在怎样的家庭中，孩子渐渐长大，他们的心理也越来越脆弱。如果父母总是对孩子颐指气使，渐渐激发起孩子的逆反心理，那么父母此前为了教育孩子所做的一切努力都会付之东流。孩子会质问父母：你凭什么管我？这种情况下，如果父母告诉孩子"你是我生的，你是我养的"，这样的回答显然太苍白无力。是啊，父母不能因为生养了孩子，就有权利决定孩子的一切，更不能以任何随心所欲的方式对待孩子。归根结底，父母教养孩子不能仅仅依靠权威，而要让孩子心服口服，这样说服教育的效果才能事半功倍。

我又没让你养我

孩子越长越大，越来越有主见，也越来越爱惜自己的面子，维护自己的尊严。如果父母还把孩子看得很小，觉得在孩子面前什么都能说，也完全有理由、有资格抱怨，那么父母显然是打错算盘了。归根结底，孩子不是父母的私有物品，他们虽然因为父母来到这个世界上，但他们是独立的生命个体，有自己的思想意识和人格尊严，明智的父母不会把养育孩子当成自己的负担，更不会不分时间、场合地揭孩子的短，甚至恨不得让孩子对他们磕上几个响头，感谢他们的养育之恩。

但实际上，父母对于孩子不是恩赐，而是心甘情愿地付出。虽然父母为了养活孩子付出很多，但难道父母没有在养育孩子的过程中得到更多吗？所以，父母不要总觉得孩子是人生的累赘，否则孩子一旦懂事，非但不会感激父母，反而会抱怨命运为何安排这样的父母给自己。没有人愿意成为他人的累赘，孩子也是如此。孩子虽然还小，但是心思敏锐，感情细腻，所以他们能够明显感知到父母对他们的态度，也因此会产生不同的感受和体验。

邵飞已经读小学六年级了，是个大小伙子了。然而，最近他和妈妈的关系非常紧张，娘俩儿三天两头地吵架，简直让妈妈忍无可忍。当然，邵飞的心情也不好，每次听到妈妈又唠唠叨叨地诉说养他多么辛苦，付出了多少，邵飞都有一种被追债的感觉。

有一天，因为邵飞的英语作业没完成好，而且默写的成绩也很差，妈妈在吃晚饭的时候又忍不住大发牢骚："你这个孩子能不能让我省点儿心。就英语默写这点事情，你总是出差错，老师都找过我多少次了。爸爸辛苦工作，妈妈省吃俭用地养活你，也不求你回报什么，你能不能给我们长脸呢，或者哪怕不让我们丢人也行啊！"妈妈的话让邵飞觉得脸上无光，正当妈妈唠叨不止时，邵飞突然大喊一声："后悔你当初别生我呀，是我故意投胎来当你儿子的吗？要是能选，我还不愿意让你当我妈呢！我又没让你养我，你不行就把我扔掉，我宁愿要饭也不想继续听你唠叨。"

邵飞的一番话把妈妈彻底说傻眼了，妈妈不知道从小乖巧懂事的儿子，如今为何这么叛逆，不懂得父母的辛苦呢！

若父母总是对孩子怨声载道时，孩子难免心生叛逆，给父母来一句：我又没有让你养我！相信大多数父母听到这句话都会很心寒，不知道孩子为何如此不懂得感恩。换位思考一下，父母也应该反省自己不止一次说出养育孩子的辛劳时，孩子是否会有被追债的感觉，是否会觉得难以面对和接受。

从这个角度而言，孩子的话也不无道理，毕竟不是孩子恳请父母养育自己的，那么父母又如何要把养孩子的一切付出都算在孩子头上呢！这个世界上，最宝贵的就是纯粹的爱，既然人人都怕欠下感情债，父母就要把养育孩子当成自己的分内之事，养育孩子的回报就是在养育孩子的过程之中感受到的点点滴滴。

此外，随着年龄的增长，孩子的自尊心越来越强，父母一定要顾忌孩子的感受，选择最合适的说话方式，才能把话说到孩子的心里去，也能让孩子心甘情愿地体会父母的用心和劳苦，并主动回报于父母。所谓"强扭的瓜不甜"，父母张嘴向孩子要来的言不由衷的感谢，也不是真心的感谢。

当然，在养育孩子之初，本着对孩子负责的态度，父母就要想好：养育孩子不是一项投资，而是全心全意的付出。这样一来，父母与子女之间的关系才会更加和谐融洽，孩子也才会渐渐成长，变得懂事。

说谎的孩子，也许只是被逼无奈

很多人都读过《狼来了》的故事，通过这个故事，大家都懂得了一个人如果总是说谎，就会失去他人的信任。实际上，每个人每天都在说谎，而之所以有人信誓旦旦说自己从不说谎，也只是因为他们没有意识到自己说谎而已。的确，说谎分为好几种，有故意说谎骗人的，有被逼无奈说出善意的谎言的，也有把说谎当成说话的……然而，不管是出于哪种目的说出来的谎言，都有水落石出的那一天。如果要想把谎言不断地维持下去，一个人就要说出更多的谎言来维持。这样一来，就会导致生活中渐渐地变得只剩下谎言。从本质上而言，说谎并非是好事情。但是残酷的现实又告诉我们，说谎从来都是不可避免的。

特别是对于孩子而言，说谎并不意味着孩子道德败坏，而说明孩子随着年纪渐渐增长，心眼变得越来越多。尤其是当孩子有了小秘密之后，他们不想与父母分享，又不能直接拒绝父母的询问，因而只能采取谎言的方式来保护自己。对于孩子说谎，很多父母都不能容忍，甚至毫不留情地戳穿孩子。殊不知，孩子也有尊严，而且如果孩子说谎并非出于恶意，父母为何不能保护孩子小小的狡黠呢？对于孩子而言，说谎只是自我管理的方式之一，孩子也并不会因为犯下这个小错误，就导致自身不够完美。所谓瑕不掩瑜，即使偶尔说谎，孩子的心灵依然纯真。因此，父母要给予孩子一定的犯错空间。

有一次，妈妈带小列宁去姑姑家里做客。看到久未见面的表兄妹，小列宁马上和他们玩了起来。玩得正高兴时，列宁不小心碰到姑姑最心爱的花瓶，花瓶掉到地上摔碎了。正在客厅里聊天的姑姑和妈妈闻声赶来，看到地上的破碎花瓶，姑姑心里已经知道发生了什么事情，因而问面面相觑站成一排的孩子们："我最喜欢的花瓶，到底是谁打碎的？"表兄妹们都不吭声，他们心知肚明是小列宁打碎了花瓶，但是都不愿意当面戳穿小列宁。因为担心被姑姑批评，小列宁也模仿表兄妹回答道："不是我！"

站在一旁的妈妈，见到小列宁面红耳赤、做贼心虚的样子，就知道小列宁闯祸了。妈妈更清楚，小列宁聪明而又顽皮，在家里都不止一次打碎过东西了。然而，当着姑姑和表兄妹的面，妈妈不想戳穿小列宁，也害怕伤害小列宁的自尊心。妈妈原本以为小列宁能主动承认错误，却没想到小列宁因为害怕，始终拒绝认错。妈妈很有耐心，她相信自己的儿子是很勇敢的，所以回到家里也没有说起关于花瓶的事情。但是妈妈也没有对小列宁撒谎的事情听之任之，而是经常给小列宁讲关于诚实的故事。

终于有一天，小列宁在听完妈妈讲故事后，羞愧地说："妈妈，对不起，我撒谎了，是我打碎花瓶的。"听到小列宁终于主动承认错误，妈妈心中的石头落了下来。对于妈妈而言，宁愿相信是小列宁打碎花瓶的，也不愿意接受小列宁撒谎的事实。妈妈当即安抚小列宁，并且建议小列宁马上写信告诉姑姑真相，求得姑姑的原谅，也可以避免姑姑误解表兄妹。

自从发生这件事情之后，小列宁变得非常勇敢，也诚实守信，从此之后，他再也没有撒过谎。正因为具有如此优秀和高尚的品质，列宁才能成为领袖人物，带领无数的无产阶级革命者为了获得美好的生活而不懈奋斗。

小列宁之所以说谎，是因为害怕被姑妈批评，也不想在表兄妹面前丢掉面子。为此，他选择了隐瞒事实。妈妈知道真相，也很了解小列宁的脾气秉性，因此，为了保全小列宁的颜面，她没有戳穿小列宁。直到回家之后，妈妈还是没有直截了当地质问小列宁，而是选择讲故事启发小列宁，给予小列宁机会主动认错。就这样，小列宁终于坦然承认错误，也赢得了妈妈的宽容，并且写信求得了姑妈的谅解。

没有孩子不犯错，当孩子撒谎的时候，父母最先要做的不是斥责孩子，而是应耐心地对待孩子，引导孩子认识自己的错误，如果自己不妥之处，也要主动反思，承认错误。所谓心服才能口服，对于孩子而言，父母的话唯有说到他们的心里去，才能在他们心中引起涟漪，也让他们积极主动改正错误。尤其需要注意的是，父母对孩子千万不要咄咄逼人，很多时候孩子需要时间来反省自己的错误，只要事情不是非常紧急，父母要有足够的耐心对待孩子，从而给予孩子机会认识错误，改正错误。

归根结底，孩子因为年龄的限制，自控能力还比较差，也缺乏自我管理的能力。而且，随着不断成长，孩子的小心思也越来越多，因而他们更会以撒谎的方式满足自身的诸多需求。在这种情况下，父母不要对孩子感到厌烦，毕竟每个人都是从小孩子慢慢成长起来的。父母对孩子一定要有耐心，也要意识到孩子之所以撒谎完全是正常现象，而父母要做的不是迫不及待地拆穿孩子，而是帮助孩子放松情绪，主动反思错误，这样对孩子的教育才会事半功倍，卓有成效。

对于三四岁的幼儿，父母还要注意的一点是，孩子根本分不清楚想象和现实。有的时候，孩子会因为心中迫切的渴望，而主观上把渴望幻想成现实。诸如有的孩子希望得到老师的表扬和赞美，且会在幼儿园放学之后告诉妈妈今天受到了老师的表扬。即使妈妈得知真相，也不要批评孩子，而是要意识到孩子是想要表现好，这是孩子的心之所向。所以对于这个阶段的孩子，父母千万不要轻易判定孩子就是在撒谎，很多时候孩子是把想象和现实搞混了，才会出现这样的情况。

总而言之，孩子撒谎总是有原因的，父母一定要对孩子充满耐心，也要尊重和理解孩子，才能更好地照顾孩子的自尊心，也尊重孩子身心发展的规律，从而支持孩子快乐成长。

哭闹，帮助孩子释放情绪

要问父母最害怕的是什么，相信大多数父母都会回答：孩子的哭闹。的确，孩子健康平安地长大，每天都高高兴兴、快快乐乐的，是父母的心愿。然而，太多的孩子动辄哭泣，甚至哭闹，让父母手足无措，无法面对。

快乐的、满足的孩子总是乐呵呵的，只有在得不到满足的情况下，孩子才会变得焦虑，也会哭泣。单纯的哭泣是孩子在发泄情绪，而当孩子哭闹不止，甚至就地打滚时，父母也会变得抓狂，不知道是该向孩子妥协，还是坚持原则绝不放纵孩子。如果是对于小一些的孩子，也许给孩子点儿好吃的、好玩的，孩子就会破涕为笑。但是对于大孩子目标明确的哭闹，哪怕父母给予孩子一些东西作为安抚，只要达不到目的，他们也不会轻易收兵。其实，对于父母而言，解决孩子哭闹的方法很简单，那就是按兵不动，绝不迁就和姑息。细心的父母会发现，当父母对于孩子的哭闹过于重视和在乎时，孩子甚至会变本加厉，把原本渐渐减弱的哭声再次变得大声，歇斯底里。而在父母对于孩子的哭闹视若无睹时，孩子虽小，也知道自己失去了要挟父母的资本，自然也就不会再白费劲。

有些父母虽然不愿意向孩子的哭声妥协，但是也坚决不愿意接受孩子的哭声，甚至喝令孩子"闭嘴""别再哭了"，或者恐吓孩子"再哭，就把你扔掉""别哭啦，警察来抓人啦"。不得不说，诸如此类的话虽然会让孩子因为恐惧而停止哭泣，却封闭了孩子释放情绪的通道。当孩子的愿望得不到满足时，他们虽然不能无理取闹，但是自身还是会有很多负面情绪，这种情况下，父母不要喝令孩子停止哭泣，而要给予孩子宣泄情绪的机会。孩子愿意哭就哭吧，正如刘德华的一首歌里所唱的"哭吧哭吧不是罪"，对于孩子而言，哭泣还是很好的健身方式，能够增强孩子的肺活量呢！而且，很多成人也会有这样的感受：在哭泣之后，觉得心情变得好了很多，内心也更加轻松。所以父母哪怕心烦，也不能剥夺孩子哭泣的权利，而要尊重孩子，也理解孩子失落的内心。如果父母不能满足孩子的心愿，连哭也不让孩子哭，那是不是对孩子太苛刻了？

周末，妈妈带着小南去商场买东西。在路过玩具店的时候，小南看上了一款毛绒玩具，就坚持要买。妈妈觉得玩具太贵了，而且小南家里也已经有很多毛绒玩具了，便拒绝了小南的请求。妈妈带着小南准备离开玩具店时，小南突然歇斯底里地大哭起来。看到那么多人都看过来，妈妈不免觉得有些尴尬，赶紧哄小南："宝贝，别哭啦，别哭啦，你没看见大家都在看咱们吗？"

听到妈妈的劝说，小南非但没有收敛，反而哭声更大了。在劝说小南无果之后，只好呵斥小南："别哭啦，再哭妈妈就把你送给玩具店啦！"

这时，买完男装的爸爸来和妈妈会合，得知小南哭泣不止的原因后，爸爸二话不说，把小南抱到玩具店附近的座椅上，对小南说："小南，爸爸理解你的感受，玩具不能买，如果连哭也不让哭，岂不是太委屈了！你就哭吧，爸爸妈妈会在一边等你哭完了再回家的。"

听了爸爸的话，小南的哭声当即变低了，渐渐地，她止住了哭声，自己擦干了眼泪。

孩子虽然小，却能读懂和感受到父母的情绪。当父母变得焦急，他们难免会觉得父母因为受到他们哭闹的影响，变得动摇，想要妥协。而当父母过于严厉，孩子又会觉得非常委屈，正如爸爸所说的，玩具不给买，难道连哭也不能哭了吗？这种情况下，孩子又会因为恐惧而不停地哭闹。归根结底，父母拒绝孩子的无理要求是正常的，孩子哭闹也是正常的。父母要理解孩子的情绪，不要一味地禁止孩子哭泣，这样孩子的情绪才能得到合理的宣泄。

让很多父母都很恼火的是，孩子总是不分时间、场合地哭闹，这导致父母非常尴尬。其实，这完全是父母多虑了，每一个当过父母的人，都知道孩子很容易情绪化，也随时随地都会哭。而对于没有孩子的年轻人而言，哪怕孩子的表现完全正常合理，他们也会像看小怪物一样看孩子。既然如此，父母有必要过于在乎他人的眼光吗？只要给予孩子合理适度的空间，让孩子处理好自己的情绪，比一切的顾虑更加重要。不可否认，对于年幼的孩子而言，因为他们还不会自我开解，也不会讲道理给自己听，所以只能用哭泣的方式发泄情绪，这对于孩子来说非常重要。面对哭泣的孩子，父母要做的不是制止他们，而是要引导他们找到更好的方式平复心情，消除负面情绪。

细心的父母很了解孩子，也深知孩子的脾气秉性，所以更会针对孩子的性格和情绪特点有的放矢,积极地引导孩子。在孩子心情郁闷的时候,父母可以带孩子去郊外游玩,帮助孩子提高兴致;在孩子情绪冲动的时候,父母可以让孩子涂鸦,或者引导孩子看书,从而让孩子恢复平静。如果孩子觉得枯燥乏味,父母还可以带领孩子一起做游戏,这样就能促进孩子的身心健康发展,也能帮孩子找到幸福快乐。总而言之,父母既是孩子的监护人,也是孩子的守护者,更是孩子的引领者!

脾气暴躁,到底是和谁学的呢

人们常说,孩子是父母的镜子,这句话告诉我们,孩子的一言一行都是模仿父母学来的,所以孩子言行举止的形成,父母有不可推卸的责任。在这种情况下,父母要想让孩子变得温文尔雅,首先要控制好自己的情绪,从而给孩子树立好的榜样。父母如果不怕孩子将来如同炮仗一样点火就炸,那么就可以肆无忌惮地爆发,让自己的情绪变得暴躁易怒,最终使得孩子也变得和自己一样。

常言道,有因必有果,有果必有因。每一个父母在对孩子此刻的模样不甚满意的时候,最应该做的就是反思自己,谁让孩子是父母的镜子呢?如果脸长得丑,就不要嫌弃镜子里的自己不堪入目。作为父母,如果自己本身就不够完美,也不要强求孩子处处完美。

作为父母,在教养孩子的过程中,难免会因为孩子的各种叛逆和怪诞行为感到歇斯底里。然而,当好父母最重要的就是当有耐心的父母,当能忍耐的父母。否则,不等孩子长大,父母就会被气得七窍生烟了。实际上,父母要想不跟孩子生气,首先要做的就是接纳孩子。很多父母对于自已生养的孩子总觉得不甚满意，殊不知金无足赤，人无完人，这个世界上根本没有十全十美的人。既然父母本身就是不完美的，又何必为了孩子的不够完美而觉得遗憾，或者愤愤不平呢？所以，当父母面对孩子能够控制住火气，始终保持心态的平静时，那么孩子必然是温柔的。

彤彤是个暴脾气，一旦有了任何不满意的地方，或者受到了别人的欺负，他马上就会歇斯底里地大喊大叫。为此，妈妈感到非常头疼，毕竟彤彤已经是六年级的小小男子汉了，如果总是这样控制不住自己的脾气，又该如何与同学相处呢？

一天，彤彤从学校回来，因为他的英语默写成绩不太好，所以妈妈才问了一句，他就马上质问妈妈："你问我英语成绩什么意思啊？我不就这次没考好吗？难道你小时候能够保证自己每次英语成绩都特别好啊！"

妈妈丈二和尚摸不着头脑，因为她还什么都没说呢！但是听到彤彤这样带着挑衅意味的话，她也马上火冒三丈："你怎么跟我说话呢？我是你妈，你知道尊重长辈吗？况且，我是骂你了，还是打你了，让你这么反应过激啊，我看你完全是做贼心虚！"

就这样，母子俩你一言我一语，吵得不亦乐乎，爸爸下班才走到楼下，就听到位于三楼的家里传出来激烈的争吵声。爸爸赶紧三步并作两步上楼，打开家门，安抚妈妈和彤彤。在爸爸的协调下，妈妈和彤彤才渐渐恢复平静，也不再争吵了。

等到彤彤回到自己的卧室，妈妈愤愤不平地对爸爸说："你说说，我怎么生了个刺儿头呢，简直是个冤家对头，哪里是儿子啊！"

爸爸无奈地说："你还嫌弃儿子脾气不好，性格暴躁，你怎么不想想他是和谁学的呢？从他小时候，你就总是对他大喊大叫，一旦他犯错了，你就对他火冒三丈。你想想，孩子能不和你一样吗？"

听到爸爸批评自己，妈妈一下子又翻了脸，火气冲天，但是仔细想想爸爸说得也有道理，所以她马上又压制住自己的情绪，不再爆发，否则家里就会变成三口混战，非得吵成一锅粥不可。

彤彤的脾气这么暴躁，很可能是因为受到妈妈的影响。其实，父母对于孩子的言传身教作用是非常强大的，也会对孩子起到潜移默化的影响。作为父母，一定要以身作则，对孩子起到正向积极的引导作用。

在一次讲座上，一位著名的儿童教育专家说，假如孩子出现了问题，那么一定意味着父母的教育出现了问题。所以，当父母抱怨孩子的心理或者行为出现异常时，最该做的是先反思自己，从自己身上找原因，而不要把责任都推到孩子身上。教育专家的话引人深思，也值得每一个父母借鉴。的确，孩子从出生开始就是一块璞玉，虽然父母不能决定他们最终会被雕琢成什么样子，但是父母的意愿和影响力却会左右他们的人生表现。

不愿意赞美他人

常言道，良言一句三冬暖，恶语伤人六月寒。趋利避害是人的本能，人人都想得到赞美，而不愿意被批评或者否定，孩子也是如此。每个孩子都希望得到他人的赞美，但是他们却不愿意赞美他人，尤其不愿意赞美那些比自己优秀的人。古人云"己所不欲，勿施于人"，这到底是为什么呢？其实，是孩子的自卑心理在作怪。当孩子不够自信的时候，他们就总是看到自己的缺点，无法看到自己的优点，因而也就时时处处都觉得自己不如别人，也因为自卑而变得极其敏感，更不愿意真诚地赞美他人。

尤其是在小学阶段，孩子更加表现出对他人的不以为然。一个孩子做了好事就会渴望得到他人的赞美，而在其他同学做好事时，却不愿意赞美其他同学，这不但是自卑的表现，也是妒忌心强的表现。有的时候，孩子还会对他人的优秀表现出不以为然的神情。这是因为他们知道别人比自己更出色，自己无法占据优势，就只能以表面上的强势来掩饰自己虚弱的内心。

在人类社会中，欣赏他人、赞美他人，都是非常积极的人际交往行为。正所谓伸手不打笑脸人，孩子们要想建立良好的人际关系，就要常常赞美他人，向他人表示自己的好意。当然，这样的赞美不应该是敷衍了事的，而是要发自内心的。当孩子真正从心中认可他人比自己更优秀，也愿意对他人怀着崇敬和敬佩，那么他们就会以他人为榜样，努力拔高自己，让自己通过学习追赶他人。这样的心态，对于孩子而言才是积极的心态，也会给孩子的学习和成长都带来积极的激励和巨大的力量。

自从成为一年级的小学生之后，默默的心思变得很细腻，也更争强好胜了。原本，爸爸妈妈看到马大哈似的默默变得这么懂事，觉得很高兴，也很欣慰。但是有一件事情改变了爸爸妈妈的想法，使他们意识到要及时调整默默的心态，才能让默默更快乐地成长。

不久前，在学校组织的亲子运动会上，爸爸和默默一起参加了班级里的四百米接力赛。因为默默的一个失误，导致他和爸爸所在的小组没有夺得名次，为此默默郁郁寡欢。爸爸安慰默默这是亲子趣味运动会，胜负得失不用放在心上，默默的心情才稍微好一些。

然而在第二组进行比赛时，默默的好朋友琪琪和爸爸通力合作，夺得了接力赛的小组冠军。默默爸爸赶紧对琪琪竖起大拇指，这个时候，默默觉得不高兴了，不屑一顾地说："我刚才如果不是出现失误，一定能夺得班级赛的冠军,一个小小的小组冠军算什么呢!"听到默默的话,爸爸觉得很尴尬,爸爸不明白,既然默默和琪琪是好朋友,为何不能真诚地赞美琪琪父女俩呢!

一句恰到好处的赞美,让人的心中变得非常温暖,而一句不以为然的挖苦讽刺,则使人心里变得不是滋味。默默在跑步比赛中没有取得好成绩,如果他能真诚地赞美琪琪,则会显出他的高姿态,相信他也会在向琪琪的学习中取得进步。遗憾的是,默默采取了截然相反的方式,这不但会破坏他与琪琪之间的友情,也会阻碍他自己的进步。

细心的父母会发现,现实生活中,有很多人都特别擅长交际,而他们最显著的特点就是很会说话。常言道,一句话说得人笑,一句话说得人跳。同样一句话,换不同的说法,或者是由不同的人说出来,效果也往往是不同的。在现实生活中,父母要引导孩子拥有开阔的心胸,引导孩子学会赞美他人。当然,赞美也是有技巧的。首先,赞美他人要发自真心。其次,赞美他人时要具体,而不要空泛。这是因为具体的赞美显得更用心,也更加具有针对性,而大而化之的赞美,则显得很空洞,根本无法起到预期的效果。最后,要想培养孩子赞美他人的能力,关键在于教会孩子发现他人的优点和长处。很多父母自身就心思狭隘,很少看到他人的优点,导致孩子与人相处时也总是吹毛求疵,所以父母要为孩子树立榜样,帮助孩子学会真诚地赞美他人。正如一位名人所说的,这个世界上并不缺少美,而是缺少发现美的眼睛。当孩子拥有能够发现他人优点的眼睛,孩子对他人的赞美也会随之而来,且人际关系也会越来越好。

过度追求奖励，使学习本末倒置

孩子总是希望得到礼物，因而抓住各种机会索要礼物，诸如生日、六一儿童节、春节等日子，孩子都会向父母诉说自己的心愿。每次愿望得以满足，孩子就会感到非常兴奋，喜形于色。与此恰恰相反，现在的独生子女一代已经习惯了父母和长辈对自己的有求必应。尤其是有些父母为了激励孩子学习，总是以物质奖励刺激孩子的学习热情，最终孩子虽然短期内在学习上有了小小的进步，但是却越来越迷恋父母的奖励，导致在学习上本末倒置，无法始终在学习上保持进步的态势。因而父母会抱怨孩子不知道学习是为了什么，殊不知正是父母对孩子不恰当的奖励，才使得孩子无法以端正的态度对待学习。

归根结底，孩子学习的目的是为了拥有更好的人生，而不应该是为了父母，更不应该是为了得到父母的奖励。所以，父母首先要端正态度，不要为了省事而一味地用奖励激励孩子，而要从根本上纠正孩子的错误观点，让孩子真正意识到学习的目的。假如孩子对于学习总是斤斤计较，哪怕付出了一点点，也想要立竿见影得到收获，那么孩子很难坚持在漫长的学习过程中始终积极主动。

此外，父母应该告诉孩子，最重要的是学习的过程，而不是学习的结果，也不要一味地追求成功，而忽略了享受学习的快乐。古人云"授人以鱼不如授人以渔"，任何时候，不管有多少条鱼也是不够的，而唯有掌握捕鱼的方法，才能一劳永逸。对于孩子的学习同样如此，与其强制灌输给孩子一些知识，不如帮助孩子掌握学习的方法，让孩子主动学习。

啾啾今年才刚刚读小学三年级，随着课业的加重，为了激励啾啾用心学习，爸爸妈妈特意规定只要啾啾考试达到班级前二十名，就可以奖励她一个小玩具，如果达到前十名，就可以奖励一个大玩具。不过，啾啾觉得奖励的跨度有些太大了，因而特意向爸爸妈妈申请如果考到班级前十五名，就可以买一个中档的玩具。看到啾啾渴望的眼神，爸爸妈妈只得同意了。

啾啾的成绩在班级里原本就处于中等水平，正所谓重赏之下必有勇夫，在爸爸妈妈的物质奖励下，啾啾的成绩果然有所提高，考到了第二十一名。看到自己的成绩距离得到玩具奖励只有一名之隔，啾啾不由得懊恼起来，几次三番央求爸爸妈妈给她奖励玩具。拗不过啾啾，妈妈只好妥协，给啾啾奖励了一个小玩具。后来，啾啾的成绩突飞猛进，居然在一次月考中取得了班级前十的好成绩。对于啾啾的成绩，妈妈非常满意，激动之余奖励了啾啾一个芭比娃娃。啾啾高兴极了。然而，渐渐地，每次考试前，啾啾都会和妈妈讨价还价，问妈妈将会奖励一个什么礼物给她。如果妈妈所说的礼物不符合啾啾的期望，啾啾还会闹情绪，甚至对学习不以为然，对考试也漫不经心。就这样，啾啾的成绩就像坐过山车，时而高时而低，弄得爸爸妈妈非常无奈。

事例中，啾啾的学习成绩之所以如同坐过山车一样忽高忽低，就是因为爸爸妈妈不恰当的奖励，导致啾啾对于学习的态度不够端正。啾啾觉得自己的学习就是为了爸爸妈妈，而不是为了自己，所以才会在学习上总是要倚靠爸爸妈妈给予的奖励。而一旦奖励达不到自己的要求，啾啾又会马上觉得失望沮丧，不愿意在学习上付出。其实，如今有很多孩子在学习方面都面临着这样的窘境，这都是因为父母对于孩子的学习过于重视，且对孩子的激励方式不恰当导致的。

要想让孩子对学习坚持正确的态度，父母首先要端正态度，不要对孩子过于宠溺和骄纵。一定要让孩子意识到，学习是为了自己，是为了给自己创造美好的生活，改变命运的轨迹。当然，对于年幼的孩子而言，也许根本听不懂这么深的大道理。既然如此，父母只要注意不以过度的奖励误导孩子即可。有的时候，哪怕道理不说得那么明白，只要父母对孩子以身示范，孩子也会渐渐地明白父母的用心。否则，孩子一旦在学习方面本末倒置，就会导致后续乏力，无法始终在学习上保持积极进取的姿态。

尤其是对于幼儿来说，他们往往更加在乎老师和父母的认可与奖励。与此同时，他们渐渐也会觉得自己的进步就表现在得到多少奖励上。有些孩子为了在父母面前有更好的表现，故意迎合父母。实际上，这对于孩子而言绝非好现象。孩子的人生是漫长的，学习也是漫长的，所谓活到老学到老，更要求现代人要在学习上与时俱进。所以父母要渐渐地引导孩子把更多的注意力集中在学习上，而不要总是留意别人对于他们的认可和赞赏。对于孩子而言，也许可以没有赞赏，但是却不能不经历失败，有的时候被父母批评甚至比得到表扬更重要，因为孩子要踩着失败的阶梯不断进步，稳步上升。

对于大一些的孩子而言，父母也要引导他们掌握正确的学习方法。诸如，可以督促孩子复习，也可以引导孩子坚持预习的好习惯，这样孩子在学习上才能事半功倍。任何时候，因为孩子自制力有限，父母都不要对孩子放任自流。当然，父母一味地强迫孩子也不可取，而是要耐心地引导孩子，帮助孩子循序渐进地成长。

离家出走——父母和孩子心中共同的伤

当父母把孩子推出家门，推入社会，可想而知孩子因为缺乏自控力，难免会走上"歪路"。如当与父母发生矛盾或是受到外界的影响时，孩子很可能会选择离家出走。

从心理学的角度来说，每一个孩子都依赖父母，更不愿意彻底离开家。大多数孩子之所以选择离家出走，是因为他们无法从家庭中获得自己想要的温暖，更无法完全信任和依赖父母。所以说，离家出走不但是孩子生命中的伤，也是父母心中永远的痛。每一个父母都要尊重和理解孩子，避免孩子离家出走的悲剧发生。

小刚正在读五年级，成绩在班级处于中上等水平。从进入五年级开始，爸爸妈妈就给小刚报名了好几个课外辅导班，希望课外班的老师能更有针对性地教小刚，让小刚的成绩更上一层楼。然而，期中考试的成绩下来了，小刚非但没有进步，反而还退步了好几个名次，看到小刚的成绩，爸爸妈妈觉得失望透顶，也对小刚大发脾气。

小刚也很委屈，他不知道自己哪里做得不对，因为他一直都在很努力地学习。然而，爸爸妈妈根本不容他辩解，还在暴怒之下把他的作业本都撕烂了，让他到家门口罚站。

就这样，爸爸妈妈把小刚关在门外，很长时间都没有出来查看小刚的情况，他们满脑子都在想："我们在小刚身上付出了这么多，省吃俭用供他读书，他却以这么糟糕的成绩来回报我们，还不如没有这个儿子呢！"

直到晚饭后，妈妈才稍微消了气。等打开家门准备喊小刚进家吃饭时，却发现家门口空无一人。于是，妈妈赶紧跑到楼下四处去喊小刚，这才发现小刚也没在小区里。

此时，妈妈不由得慌了神，赶紧回到家里把情况告诉爸爸，爸爸也觉得有些不对劲，当即打电话报警。然而，爸爸妈妈根本说不清楚小刚是什么时候离开的，警察又以失踪不到24小时为由不给立案。就这样，爸爸妈妈只好打电话给所有的亲戚朋友，发动他们一起去寻找小刚，派出所的民警也帮忙四处寻找。

一直到晚上十点多，大家找遍了半个城，还是没有发现小刚的踪迹。后来，有一个民警在调看监控录像的时候，发现小刚上了11路公交车，但是小刚在哪里下的车，就无从得知了。爸爸妈妈赶紧沿着11路公交车的行驶线路去找，妈妈突然想到自己经常带小刚坐11路公交车去姥姥家里，所以就赶紧给年迈的姥姥打电话询问。得知外孙走丢了，姥姥立马血压升高，躺在床上不停地抹眼泪。后来，在距离姥姥家还有两里地的地方，舅舅找到了正蹲在路边哭泣的小刚。原来，小刚提前两站下了公交车，所以走到半夜还没找到姥姥家。妈妈得知找到小刚了，喜极而泣，她当即对爸爸说："以后，小刚不管考多少分，你都不许打骂他，要是儿子丢了，咱们俩也别活了。"

忙活了一个晚上的民警也教育爸爸妈妈说："和孩子的矛盾，是家庭内部矛盾，千万不要把孩子推出家门。现代社会这么乱，如果孩子出个三长两短，可真是追悔莫及啊。"民警的话说到妈妈心里，妈妈眼含泪水不停地点头认错。

孩子为什么会选择离家出走呢？事例中，小刚是被爸爸妈妈逼走的。作为孩子的监护人，爸爸妈妈没有权利把孩子赶出家门，这是对孩子完全不负责任的表现。对于学习，每个父母都望子成龙，望女成凤，这样的心情当然是可以理解的，但很遗憾，每个孩子在学习方面的天赋和能力都各不相同，父母不能一味地要求孩子表现出色，而要尊重孩子的个性，了解孩子的优点和长处，从而才能更加有的放矢地帮助孩子获得成长和收获。

第十章
做和善而坚定的教养者，帮助孩子远离负面情绪

当孩子在身心方面出现异常时，并不一定是孩子出了问题，也有可能是父母的教养方式出了问题。常言道，孩子是父母的镜子。试想一下，要想让镜子里的面孔变得更美丽，我们是要改变镜子，还是改变自己的面孔呢？聪明的父母当然知道答案。

任性的孩子伤不起

随着不断成长，每个孩子都变得更加独立，自我意识也变得更强。很多时候，很小的孩子就有自己的思想和见识，甚至坚决不愿意妥协。又因为生活经验的局限，他们不能理解父母的用心良苦，甚至因为父母的约束，而对父母心生怨恨和抱怨。实际上，孩子变得越来越任性和父母也脱不了干系，很多父母总觉得自己生养了孩子，就能完全指挥孩子。不得不说，这是父母在思想上的误区，哪怕父母是孩子的监护人，也不可能完全代替孩子做决定。

如果说孩子小的时候依赖父母生存，还能对父母毕恭毕敬，但是随着年岁的渐渐长大，孩子必然越来越独立，也不愿意继续接受父母的安排和指挥。在这种情况下，父母就要管好自己的嘴巴，不要总是口无遮拦地有什么就说什么，也不要任由自己的思绪天马行空，对孩子想怎么办就怎么办。尤其需要注意的是，父母千万不要以为自己生养了孩子，就可以对孩子居高临下，颐指气使，因为孩子随着自我意识的萌芽，会变得越来越反感父母的管教。也可以说，追求自由是人的天性，父母不应该压抑孩子的天性，而应该尊重孩子的天性，也尊重孩子自然生长的规律。

杨允已经读六年级了，正处于青春期的他非常叛逆，不管做什么事情都要顺从自己的心愿，而丝毫不愿意委屈自己。也正因为如此，杨允和控制欲强的妈妈之间经常爆发冲突，不是杨允被气得把自己关在房间里，就是妈妈被气得呜呜直哭，说自己养了个冤家对头。看到家里整日战火不断，乌烟瘴气，爸爸也很发愁，一边是儿子，一边是妻子，他也不知道该和谁站在一条战线上了。

有段时间，杨允迷恋上了玩滑板。在学校里，差不多大的孩子都玩滑板，似乎这是一项很酷的运动。妈妈觉得杨允平衡能力不好，不建议杨允玩滑板，但他还是坚持要玩。后来，杨允还瞒着爸爸妈妈，用自己的压岁钱买了一个滑板。然而，第一天练习，杨允就从滑板上摔下来了，导致胯骨骨折。接到杨允的求救电话，妈妈气得直跺脚：胯骨骨折至少要卧床休养半年，这期间杨允正要准备小升初的考试，一切都搞砸了。幸好爸爸安抚妈妈，妈妈才勉强控制住自己的情绪。赶到医院医生说半年能下床就算不错。妈妈听了一下子崩溃地骂起来，杨允自知犯了错，哪怕疼得龇牙咧嘴，也不敢说疼，只是咬紧牙关忍着。

杨允非常任性，尽管妈妈已经提醒他平衡能力不好，他还是自顾自地买了滑板去玩。没想到，第一次玩滑板就摔倒了，导致身受重伤，学习也受到了很大的影响。面对任性叛逆的杨允，妈妈心里恨，嘴上却什么也不能说。其实，归根结蒂，杨允之所以这么不愿意听妈妈的话，也是因为妈妈平时总是忍不住唠叨，导致杨允很反感，也更加不愿意听妈妈的话。

凡事皆有度，过犹不及。父母完全没有理由刻意讨好孩子，也不必对孩子亦步亦趋地下命令。明智的父母会为孩子提供自由民主的家庭环境，从而保护孩子的自我意识，也在家庭生活的点点滴滴中引导孩子变得更有主见，有自己独立的思考，也能够勇敢地做出自己的决定。正如人们常说的，哪里有压迫，哪里就有反抗。

细心的父母会发现，很多时候过于强制孩子反而会加重他的叛逆，而尊重和理解孩子，孩子也会心平气和地聆听父母的教诲，心甘情愿地接纳父母的建议。总而言之，父母不要再抱怨孩子任性，而是要意识到孩子之所以任性，有一部分原因在父母自己的身上。

"我不行"不该是孩子的口头禅

越是相熟的父母，每当聚在一起的时候，总是会把最引以为傲的孩子提出来显摆一通，或者是顺带了解和讨论一下别人家的孩子，这样的话题，往往是每一个父母都津津乐道的。曾经有人说，妈妈们在一起总有聊不完的话题，这句话非常有道理，因为孩子就是每一位妈妈百谈不厌也最乐于谈起的话题。不同的父母对孩子的态度也是完全不同的，有的父母总是骄傲地夸赞自己的孩子，有的父母总是非常谦虚，甚至把自己的孩子说得一无是处。夸赞孩子最严重的后果也就是让孩子变得过分自信——骄傲，而如果父母当着孩子的面过于谦虚，把孩子说得没有优点，那么引起的后果就会非常严重，孩子甚至有可能变得怀疑自己。

细心的父母会发现，有很多孩子都表现得畏首畏尾，一则是因为父母总是把他们照顾得面面俱到，因而他们已经习惯了一切都被安排好的日子；二则是因为孩子在父母的谦虚中失去了自信，变得胆小怯懦。显而易见，这两个方面的原因都不容小觑，甚至还会影响孩子的生活。归根结蒂，都是因为父母在不知不觉中给孩子贴上了形形色色的负面标签，例如：有的父母说孩子是拖拉鬼，那么孩子渐渐地就会变得拖拉；有的父母说孩子五音不全，孩子也许一辈子都不敢唱歌；有的父母觉得孩子凡事都不行，孩子就会把"我不行"挂在嘴边，成为挥之不去的口头禅。这是因为在父母不断的评价过程中，孩子也认可了父母给自己贴上的标签，因而形成了思维定式，渐渐地，也就觉得自己本该是父母所描绘的样子。可想而知，这样的孩子内心多么绝望，别说改变自己了，甚至连认可自己的勇气都没有。

当孩子以"我不行"作为口头禅时，可想而知父母的教育有多么失败。也许父母不能决定自己给孩子怎样的容颜和身材，也无法给孩子留下丰厚的财产，但是父母可以选择给孩子留下自信和坚毅果敢的信心与勇气，这将会让孩子一生都受益无穷。而当孩子陷入自卑的泥沼，不管做什么事情都会缺乏信心，也必然会导致人生一事无成。

艾米的妈妈一直对艾米寄予厚望，希望艾米成为一个出类拔萃、非常优秀的女孩。为此，妈妈从艾米几岁的时候，就用心培养艾米，不仅花费很多钱给艾米报了舞蹈班、钢琴班，还让艾米上了私立学校。然而，事情总是难以尽如人意。艾米如今九岁，正在读小学四年级，成绩非但平平，经过从小到大的学习，才艺也没有突出的地方。为此，妈妈很失望，还在和老师沟通的时候，当着艾米的面说："艾米是一只笨鸟，原本我想着给艾米最好的教育，她就能变得越来越上进，谁想到艾米凡事都落后于人，虽然先飞了，却还是落在他人后面。"

有一次，妈妈带艾米去上舞蹈课，妈妈当着艾米的面又向老师抱怨道："老师，艾米是不是天生就不适合学舞蹈啊。要不然，那些比她后学习舞蹈的孩子都参加比赛了，她为何总是落后呢？"

听了妈妈的话，老师赶紧把妈妈带到旁边，小声对妈妈说："艾米妈妈，你想让孩子进步吗？"妈妈点点头，老师接着说，"如果你想让艾米进步，就不要总是当着艾米的面否定艾米。你知道吗？艾米常常把'我不行'当口头禅，我觉得就是因为你总是当面否定她的原因。其实孩子很勤奋，也很用功，哪怕没有天赋，勤能补拙，她也会渐渐取得进步的。"

在老师一本正经的教育下，妈妈意识到自己的做法的确欠妥，也确实打击了艾米的积极性，因而决定改变自己。从此之后，妈妈经常当着艾米的面夸奖艾米，渐渐地，艾米也变得越来越自信，进步也更大了。

孩子对于自我的认知，在很大程度上取决于父母对他们的评价。这是因为孩子还小，缺乏自我认知的能力，也无法做到准确客观地评价自己。又因为他们最信任的人是父母，也常常把父母的话记在心里，所以父母对于他们的影响非常大。在这种情况下，父母一定要多多鼓励孩子，认可和赞扬孩子，而不要总是肆无忌惮地当着孩子的面批评孩子，导致孩子信心全无。当孩子总是把"我不行"挂在嘴边时，他们如何能够充满自信，不断进步呢？

父母并非永远都是对的，负责任的父母会把自己对孩子说出的每句话，都认真揣摩，而不会口无遮拦地说出。语言虽然不会给孩子造成实质性的伤害，但却会被孩子记在心里，也因此而影响孩子的身心发育。所以父母一定要端正态度，慎重对待孩子。有些父母常常因为一时的愤怒，导致对孩子什么都说。常言道，说出去的话泼出去的水，事后哪怕父母真诚地向孩子道歉，也未必能够挽回恶言恶语带给孩子心灵的伤害。

因此，父母一定要控制好自己的情绪，成为孩子的引导者和领路人，而不要总是一味地批评和否定孩子，导致孩子信心全无。

当然，要想帮助孩子建立自信，消除自卑心理，父母还要不断引导孩子发现自身的优点。所谓金无足赤，人无完人，当孩子因为自己的缺点而自惭形秽时，父母要指出孩子的优点，不断强化孩子表现杰出的地方。有的时候，父母的一句鼓励，比实物带给孩子的激励和信心更大。

唯唯诺诺的孩子步履蹒跚

有人说，父母对孩子的爱是这个世界上最伟大的爱，是无私的，也是至高无上的。然而，父母的爱能够成就孩子，也会毁掉孩子，看到这句话，相信大多数父母都会觉得惊讶，因为他们无论如何也想不通自己全心全意的付出怎么会害了孩子。但是事实正是如此。父母与孩子的一场修行，就是看着孩子的背影渐行渐远。的确，人世间除了父母对孩子的爱，几乎所有的爱都是以拉近彼此之间的距离为目的，而唯独父母爱孩子，是希望孩子快快长大，终有一日能够独自去闯荡天下。其实，这正是父母之爱的本质，即让孩子成长为独立的个体，支撑起属于自己的一片天空。

遗憾的是，大多数父母对孩子的爱都很胆怯，他们把孩子含在嘴里怕化了，捧在手心里怕摔了，最终把孩子惯得无法无天，还要求父母必须无条件满足他们的一切心愿和要求。这样的孩子，哪怕长大之后，也必然依附于父母，成为父母的附属品，绝无自己的主见和意志。

在人生的道路上，父母不可能陪伴孩子一辈子，而失去父母无微不至的照顾，孩子也必然变得唯唯诺诺，胆战心惊，根本不能从容地行走人生之路。从这一点上不难看出，大多数父母虽然都很重视对孩子的栽培，但是实际上他们并没有真正关心孩子作为生命个体的需要。父母也许可以照顾孩子半生半世，却绝不可能陪伴孩子一生一世。甚至等到父母老去，还需要孩子支撑起整个家庭的天空，那么面对毫无主见和思想的孩子，父母又该何去何从呢？

要想让孩子不再唯唯诺诺，父母就要注意从生活的点点滴滴处入手，培养孩子的独立性。诸如，父母要让孩子更从容果断，哪怕小事情，也要让孩子学会自己做出选择，并且为自己的决定负责。很多父母都担心孩子稚嫩的肩膀扛不起艰巨的责任，那么就让孩子先扛起小小的担子，让孩子先适应肩膀上的压力。父母千万不要担心累坏了孩子，愁坏了孩子，所谓玉不琢不成器，孩子也需要经过历练，才能掀开新的篇章，在人生的路上勇敢无畏，阔步向前。

刘威的爸爸是个科学家，几乎每天都在进行各种各样的科学实验，有的时候实验进展到关键时刻，爸爸还会接连好几天不回家。刘威是个聪明的男孩，也很喜欢动手操作，他最喜欢去的地方就是爸爸的实验室，爸爸越是不让他动那些危险的实验器材和化学材料，他就越是跃跃欲试。

有一年暑假，刘威的期末考试成绩不错，作为奖励，爸爸批准他去实验室里玩一天，还许诺要带着他一起进行简单的实验。这简直比奖励变形金刚或者小汽车更让刘威高兴，他头一天晚上就兴奋得睡不着，第二天早晨更是早早起床，等着爸爸一起去实验室。

到了实验室里，爸爸拿出两个一样大小的量杯，又准备了一个试验专用的小锅。然后，爸爸让刘威把两个量杯里都装满水，刘威按照爸爸的指示做了。后来，爸爸又让他把其中一个量杯里的水倒入锅里。爸爸问刘威："你觉得，现在是量杯里的水多，还是锅里的水多呢？"刘威看了看锅里的水，因为锅比杯子大，所以锅里的水显得很少。而此时，剩下的那个量杯里依然有着满满的水。显然，刘威没有被这个假象迷惑住，而是斩钉截铁地对爸爸说："一样多。"

爸爸掩饰不住眼睛里的惊喜，又担心刘威是瞎猜的，就启发他："锅里的水很少，杯子的水却是满的，你为什么说它们一样多呢？"

刘威一本正经地告诉爸爸:"锅里的水只是看起来很少,实际上也是一量杯的水倒进去的。所以,锅里的水和量杯里的水一样多。"

听到刘威斩钉截铁的回答,爸爸觉得非常高兴,也很欣慰。他抚摸着刘威的头说:"不愧是我的儿子,看到你没有被假象吓住,我真为你感到自豪。"

刘威是一个很有主见的孩子,也没有因为科学家爸爸的质疑,就轻易改变自己的想法和观点。生活中,有很多孩子都缺乏刘威这种坚持正确观点的精神。相反,他们对于很多事情都一味地信服父母,希望父母给出正确的解答,尤其是在遇到为难的情况时,他们更是唯唯诺诺,根本不能坚持自我。

很多父母在教育孩子的时候,总是自以为正确,所以就本能地引导孩子,让孩子按照他们的安排去做人做事。实际上,孩子虽然是父母所生,但是父母并不能替代孩子的人生。任何情况下,父母都要尊重孩子,把孩子当成独立的生命个体,才能更好地引导孩子成长。如果孩子已经有了自己的思考,父母一定要避免对孩子横加干涉,要知道,不管孩子是对还是错,在成长的过程中都必然要付出代价。哪怕父母对孩子的一切安排得再好,所有的决定也都是父母代劳的,也就无法对孩子的成长起到促进和扶持的作用。

如今,全世界的人都知道微软帝国的创造者比尔·盖茨,却不知道盖茨最显著的特点就是坚持自己的观点,绝不轻信和盲从他人。正因为如此,盖茨才会在读大学期间就果断退学,从事软件编程和开发工作,最终成就了伟大的微软帝国。盖茨就是大多数父母口中别人家的孩子。然而,父母们更需要做的不是羡慕盖茨的父母,而是反思自己作为父母是否有不足之处。要知道,对于孩子而言拥有独立思考的能力,绝不唯唯诺诺,是非常重要的。否则，孩子哪怕有一身的才华，也无法施展出来。

当然，让孩子成为善于思考、有主见的人，并非是简单容易的事情。没有孩子天生就怯懦，也没有孩子天生就独立，父母要做的就是在生活中抓住一切机会培养孩子的思考能力。很多父母在孩子遇到困难的时候，总是毫无原则地为孩子代劳，帮助孩子解决问题，殊不知，这只会让孩子变得胆怯，甚至再次遇到难题时依然一筹莫展。正所谓不经历无以成经验，如果父母不给孩子锻炼的机会，孩子如何能够成长呢？

在与孩子交流时，父母还要尽量启迪孩子的思路，引导孩子发表自己的独特见解。很多孩子之所以胆怯，不管面对什么问题都唯唯诺诺，不敢明确表达自己的想法和意见，就是害怕说错了会遭到父母的批评，或被父母嘲笑和挖苦。

总而言之，他们没有得到应得的鼓励和支持。作为父母，一定要成为孩子坚定不移的支持者，这样才能激励孩子主动进行思考。此外，有些孩子的好奇心特别强烈，会提出一些稀奇古怪的问题，这恰恰意味着孩子正在用心地思考，哪怕孩子的想法再离奇和可笑，父母也要尊重孩子，而不要觉得孩子的想法不值一提。保护孩子的好奇心，就是保护孩子的创造力，就是保护孩子的独立思考能力。

需要注意的是，对于孩子的提问，父母也不要因为自己博闻强识，就对孩子的问题解答无遗。人们常说懒惰的父母更容易教养出勤快的孩子，其实是因为父母懒惰，孩子就不得不自己做一些事情，渐渐地，孩子会越来越勤快，动手能力也会更强。同样的道理，父母不要成为孩子的百科词典，而是要常常对孩子说"我不知道"，这样父母才能带着孩子一起去寻找答案，在此过程中培养孩子独立解决问题的能力，也能避免孩子形成依赖性。

总而言之，没有任何父母希望自己的孩子是唯唯诺诺的。既然如此，在养育孩子的过程中，父母就要用心用智慧来引导和启迪孩子，帮助孩子做更好的自己。

孩子冷漠，都是冷暴力惹的祸

孩子并非天生冷漠，他们大多是带着哭声而来，但却是以笑容面对这个世界的。孩子的冷漠总是有原因的，或者是生活环境导致的，或者是内心深深的伤害使他们无法热情起来，或者是父母之间的冷暴力带给他们难以愈合的创伤。孩子的心灵是很脆弱的，他们还没有足够的能力逃避或者改变生活，就只能默默地承受。很多父母在遇到感情问题导致婚姻变故时，总是一味地争执吵闹，无休无止，却不知道自己已经不知不觉间给孩子带来了无法弥补的伤害。这样一来，面对孩子的冷漠，父母觉得无法接受，也不能主动从自己身上反思原因，从而导致孩子的冷漠日渐加剧。

自从爸爸妈妈分居后，杨浩就和妈妈一起生活。虽然妈妈把她的生活照顾得无微不至，但是她却变得越来越冷漠和叛逆。有一段时间，妈妈生病了，杨浩回到家里没饭吃，就冷言冷语地问妈妈："我吃什么呀？"却从不关心妈妈的身体怎么样了。看到杨浩这样的表现，妈妈不免觉得心寒，也不止一次想和杨浩好好聊聊，问问杨浩心里到底是怎么想的。

在杨浩12岁生日时，爸爸和妈妈彻底离婚了，看到杨浩有一天比较高兴，妈妈终于忍不住问杨浩："浩浩，这几年你看起来很不快乐，妈妈有什么做得不对的地方，你就告诉妈妈，不要这么压抑和苦着自己。妈妈想让你和其他孩子一样开心快乐！"原本，这是妈妈对于女儿最普通的祝福,但是杨浩却带着挑衅的眼神看着妈妈,反问道:"你想看到一个笑着的女儿,那你曾经给你女儿一个笑着的妈妈了吗?"

听到杨浩这句话,原本浮现在妈妈脸上的浅浅的笑容,突然间凝固了。一瞬间,妈妈似乎知道了杨浩为何这几年来都是如此冷漠。妈妈想了想,对杨浩说:"浩浩,我和爸爸之间的事情已经过去了,这都是我和爸爸的错,和你没有关系,你要享受自己的人生!"

杨浩哼了几声,说:"已经晚了。"

原来,爸爸妈妈在分居之前,因为爸爸在外面犯了男女关系的错误,所以妈妈始终无法原谅爸爸,而且和爸爸闹了很多年。妈妈想尽办法折磨爸爸,不给爸爸悔改的机会,她既要求爸爸回归家庭,又对爸爸实施冷暴力,直到后来,从未想过离婚的爸爸终于提出离婚,想要给自己和妈妈新的人生机会。正是在这几年的冷漠生活中,杨浩的内心受到了深深的伤害,她也开始关闭心门,再也没有无忧无虑地笑过。

曾经有人说,夫妻离婚,受到最大伤害的就是孩子。当然,如今提倡婚姻自由,结婚自由,离婚也自由。这么说并不意味着要剥夺父母自由决定婚姻的权利,而只是想告诉已经为人父母者:曾经年轻的、单身的你享受无边无际的自由,那么现在成熟的、有责任的你,已经不能再肆意妄为了。尤其是在有了孩子之后,父母的生命不仅是自己的,更是孩子的,父母所做的一切都能对孩子的生活起到至关重要的影响。因而真正负责任的父母不会轻易决定离婚,而是要尊重和考虑孩子的感受,更不会肆无忌惮地与曾经相爱、如今却形同陌路的另一半争吵,就算爱不在了,感情还在,孩子的纽带还在,父母终究要继续当父母。

很多夫妻在婚姻生活中都不是一帆风顺的,夫妻吵架就像牙齿经常咬到舌头一样正常,然而,吵架也要讲究方式方法。任何问题,唯有开诚布公地说出来，赢得彼此间的谅解和宽容，才能合理解决。沟通是人心与人心之间的桥梁，如果至亲的夫妻之间都不能做到坦诚相待，还如何经营和维持好家庭关系，给予孩子幸福美好的未来呢？

言而无信的孩子，如何立足于世

人无信不立。在秦国，为了辅佐秦王治理好国家，商鞅施行变法。而为了让百姓都相信他所说的话，执行他的各项规定，商鞅只能先立木取信。自古以来，很多伟大的人物都讲究诚信。宋庆龄小时候是一个很讲诚信的孩子，为了践行与小朋友的约会，她放弃了和父母一起出去做客的机会，守在家里等待小客人的到来。后来，父母都已经回家了，宋庆龄也没等到小朋友，但是她无怨无悔，因为她信守了自己的承诺。民间有句俗话，叫三岁看老。很多伟大的人物从小就表现出诚信的品质，长大之后才能践行自己的诺言，也在民众之间拥有至高无上的威信。可以说，诚信就是他们做人做事的根本，也是他们立足于世的资本，更是他们成就伟业的保障。

很多父母也知道让孩子讲究诚信的重要性，但是父母却不能给孩子树立榜样。他们总是有各种各样的理由，在不知不觉的情况下当着孩子的面撒谎，虽然事情发生之后他们就完全忘记了这码事，但是孩子却对铭记于心。等到孩子出现言而无信，不能诚实守信的情况，父母也就哑口无言了。

这种情况下，父母要想让孩子的成长过程重新来过，显然已经不可能了。所以作为父母，首先要严格要求自己，谨言慎行，给孩子树立积极正向的榜样，这样才能确保孩子不会受到负面的影响，最终成长为诚实正直的人。

很久以前，有一个国王德高望重，在全国都享有很高的权威，且把国家治理得井井有条，老百姓也安居乐业。国王很爱他的王后，然而，眼看着国王和王后都老了，他们却始终没有自己的孩子。有人建议国王再重新娶一个王后，但是国王坚决不同意，而是要与心爱的王后相守到老。为了给王国挑选继承人，国王决定从老百姓中选出一个孩子，将来继承王位。

得到这个消息，全国有儿子的家庭都激动不已，每一个父母都想让自己的儿子继承王位。然而，国王选择王位继承人的方式很奇怪，他没有考孩子们任何问题，而是给了每个孩子一粒牡丹花的种子，并且说谁种出来的花最美丽漂亮，就由谁继承王位。孩子们全都小心翼翼地拿着种子回家了，每个人都卯足了劲，想要种出最漂亮的花。

转眼之间，几个月过去了，孩子们都捧着争奇斗艳的牡丹花来到王宫里，向国王展示。国王看着一盆盆牡丹花，心中百感交集，等看到有个孩子捧着空荡荡的花盆时，国王不由得心中一动。他当即宣布，这个没有种出牡丹花的孩子，就是王位的继承人！

听到国王的话，其他人都惊讶不已，想不明白为何一个连牡丹花都没种出来的孩子，居然得到国王如此的偏爱呢！只有国王知道其中的奥秘，原来国王给孩子们的花种子全都是煮熟的，因而根本不可能开花，而国王之所以这么做，正是为了验证哪个孩子才是真正讲诚信的人。

不得不说，国王是具有远见卓识的。在挑选王位继承人时，他没有过分强调王位继承人的才华，而是选择最诚实守信的孩子，把王位托付给他。毕竟才华不是治理国家的根本，只有拥有诚实品质的孩子，才能真正肩负起治理国家的重任，才能对百姓负责任。其他孩子虽然捧来了争奇斗艳的牡丹花，但是他们的花恰恰意味着他们的谎言，也意味着他们没有足够的诚信立足于国家，更证明了他们不是值得国王托付的最佳人选。

需要注意的是，很多父母总是担心孩子吃亏，觉得孩子太诚实容易被他人欺骗。父母要把眼光放得长远一些，要意识到哪怕孩子因为诚实而吃点小亏，但是却给他们的人生积累了资本，也带来了更多的可能性。古人云，吃亏是福，孩子就算吃点儿亏也没关系，毕竟每个人都是从吃亏走过来的。而且，多付出一些，多承担一些，何尝不是人生的成长和收获呢！所以，父母要摆正心态，才能怀着从容的心面对孩子的成长，也才能给予孩子正确的引导！

总而言之，言而无信的孩子是不可能立足于世的，也许他们会暂时赚点儿小便宜，但是终究会吃大亏。这就像一棵树苗要想成长为参天大树，就一定要让根基扎得牢固，才能茁壮成长。

敏感多疑的孩子，人生必然沉重

这个世界上没有两片完全相同的树叶，同样的道理，这个世界上也绝没有两个完全相同的人。每个人都是世界上独一无二的个体，哪怕是长得完全相同的同卵双胞胎，他们也只是外形相像而已，从本质上而言，他们截然不同。这也就注定了每个人都有自己的脾气秉性，有的人生性宽容，心胸开阔，哪怕遇到不高兴的事情也绝不记在心上。而有的人却生性敏感多疑，不管遇到什么事情，都能把事情放大，延伸出更多的可能性。看似他们思虑周全，实际上却会因为敏感，导致自己内心沉重，活得很累。

在生活中，很多父母一旦聚集在一起，就会情不自禁地谈论各自的孩子。他们最大的感慨就是，现在的孩子过于早熟，内心敏感，这也导致他们就像刺猬一样，难以接近和相处。就连父母都对他们无计可施，可想而知，同为刺猬的孩子在一起交往，会面临多大的困难和障碍啊。还有些孩子说不得、碰不得，哪怕父母简单地说他们一句，他们也会歇斯底里，觉得无法接受。对于这样容易受伤的心，不但父母觉得心力憔悴，和孩子们相处的人也会胆战心惊。日久天长，这必然影响孩子的社会交往，使得孩子的人生变得不堪重负。

对于孩子的敏感，大多数父母都胆战心惊，因为他们哪怕在孩子面前如履薄冰，字斟句酌之后才发言，孩子也会突然生气，导致情绪波动。这样恰恰使得父母与子女之间的关系进入恶性循环之中，即父母越是小心翼翼，孩子就越是特别脆弱，不能触碰。父母越是对孩子敬而远之，就越是无法了解孩子的内心，把话说到孩子的心里去，这样必然会导致孩子与父母之间更加疏离，也导致孩子的人际关系越来越差。

从心理学的角度来说，孩子之所以敏感，是因为受到了外界的刺激。但是，父母一味地避免给孩子刺激，并不能使孩子对于刺激的敏感性降低，反而会使孩子变得更脆弱，不知道如何应对父母以及身边的其他人。心理学上有一种心理疗法，叫脱敏疗法，意思就是针对他人心中的敏感，有的放矢给予他人相应的刺激，渐渐地，他人就不会再对类似的刺激敏感了。对于孩子的敏感问题，父母也要引起足够的重视，做到积极应对，帮助孩子减少敏感的情绪波动。

樱桃是个非常敏感的孩子，才刚刚三岁，就已经学会察言观色了。樱桃的生日在八月底，所以从九月一号起，她就进入了幼儿园小班开始学习。虽然在整个班级里，她是最小的，但是她做起事情来就像个小大人一样，从来不会故意惹老师生气。

有一天，老师正在安排小朋友们吃饭，樱桃却突然想小便。看到老师忙碌的样子，樱桃不敢告诉老师自己要小便，就一直强忍着。忍到最后，她终于还是没忍住，尿到裤子里了。老师正在吃饭的时候，却要为樱桃换尿湿了的裤子，心情难免不好，因而脸上的表情一直非常严肃。看到老师的样子，樱桃吓得午饭也没有吃完，就帮老师收拾其他小朋友的碗筷了。

下午放学的时候，樱桃很饿，一见到妈妈就要找吃的。妈妈向老师了解情况，才知道樱桃尿裤子了，午饭也没吃饱。回到家里，妈妈告诉樱桃有尿了要及时告诉老师，樱桃却说老师在吃饭。妈妈看到樱桃这么懂事，又心疼，又无奈，只得告诉樱桃："要是有尿了不告诉老师，尿湿了裤子，老师更麻烦啊，还要帮你换裤子。"

不想，妈妈的这句话又把樱桃带入了另外一个误区，从此之后樱桃出现尿频现象，只要有一点点尿，就要去尿出来，生怕尿裤子。

对于年幼的孩子而言，由于受到自身经验的束缚，虽然敏感，却无法真正想清楚问题，这也导致孩子很容易望文生义，最终闹出笑话，也给自身的成长带来困惑。

心理学家经过研究得出：孩子们的气质天生不同。因而针对不同气质的孩子，父母要更了解他们的脾气秉性，从而熟知他们的心理状态，以便更好地引导和照顾他们成长。当然，很多孩子之所以敏感，也的确因为父母不够尊重他们。在这种情况下，父母一定要把孩子当成平等的生命个体对待，不要总觉得孩子的生命是自己给的，就对孩子颐指气使、居高临下。孩子虽然因父母来到这个世界上，但是孩子从不属于父母，他们只属于自己。当遇到孩子情绪敏感的时候，父母要努力控制自身的情绪，千万不要因为孩子敏感，就导致自己也情绪失控，否则一定会使情况越来越糟糕。

此外，很多孩子之所以敏感，也很有可能因为内心缺乏自信。那么父母要有的放矢，发现孩子的优点和长处，经常鼓励和赞扬孩子，让孩子内心强大起来，他们的敏感表现也会渐渐减轻。

总之，父母是值得每个人毕生从事的伟大事业，孕育一个小小的生命，在用爱守护、帮助这个小生命不断成长，渐渐成熟，直到曾经的小生命成为顶天立地的巨人，这给父母带来的成就感是任何事情都不能与之媲美的。所以不管付出多少，父母都要坚持不懈，都要为了毕生的事业勇敢付出，绝不畏缩。记住，对于父母而言，只给予孩子健康强壮的体魄还是远远不够的，更要给予孩子坚强勇敢的心，才能让孩子一生平安幸福。

孩子无限拖延，到底为什么

面对一个拖延的孩子，父母真的是恨不得代替孩子做好每一件事情，然后一脚把孩子踢到他该去的地方。例如早晨就把孩子踢到学校，用餐时就把孩子踢到餐桌旁狼吞虎咽，晚上就把孩子踢到洗漱间洗澡之后，再踢到床上。

遗憾的是，妈妈的梦想只是白日梦，根本没有可能实现。很多情况下，孩子之所以无限拖延，原因是多种多样的。首先，孩子内心的节奏原本很慢，不可能跟得上成人的速度；其次，孩子拖延有可能因为缺乏时间概念，或者对于事情的紧急程度没有深刻的认知，再或者孩子天生就是慢性子，催也催不来；最后，孩子渐渐长大，甚至还会因为逆反心理故意拖延。

不管孩子的拖延出于哪种原因，父母都不可能容忍孩子无限拖延下去。尤其是对于很多上班族来说，家里没有老人给带孩子，父母又要忙于工作，所以每个工作日的早晨都如同打仗一般非常忙乱，分身乏术。

在养育孩子的过程中，大多数父母都非常关注孩子的吃喝拉撒及衣食住行，也关心孩子的学习情况，就是不关心孩子的心理状态。这直接导致父母与孩子之间成为最熟悉的陌生人，父母不了解孩子，孩子也不了解父母，使得父母与孩子之间的鸿沟变天堑，让亲子沟通陷入前所未有的困境中。从心理学角度而言，孩子的任何怪诞行为或者反常行为，都不是无缘无故发生的。孩子正处于身心发展的快速时期，自然会缺乏稳定性，也会状况百出。父母要学会接受孩子的反常，更要用心洞察孩子反常行为背后隐藏的深层次心理原因，才能更加有的放矢针对孩子的情况做出合理判断，也帮助孩子健康成长。

晓雪是个特别爱拖延的孩子，妈妈总是称呼她为"拖拉大王"。虽然妈妈尝试过很多办法帮助晓雪加快速度，但是晓雪始终如同蜗牛一样慢吞吞的，根本快不起来。例如前段时间，晓雪要和妈妈去参加一个亲戚的婚宴，虽然妈妈早早地喊醒晓雪起床，但是直到中午十一点，她们还没有出发。

眼看着要错过婚宴的时辰了，妈妈不由得怒斥晓雪："我就不应该带你去，你把正事都耽误啦！"

晓雪无辜地说："我又没有让你带我去，是你自己要带我去的啊，你明明知道我是拖拉大王……"晓雪的话把妈妈堵得哑口无言，妈妈意识到，也许正是自己给晓雪贴标签的行为，才让晓雪彻底放弃加速，变成了地地道道的拖拉大王。

很多父母在无意之间都会给孩子贴标签，这种标签并非是激励孩子之用，反而强化了孩子的缺点和不足，导致孩子变本加厉。事例中的晓雪也许最初拖延并没有这么严重，正是因为妈妈说她是拖延大王，她才认定自己就是拖延大王，也因为放弃努力加速，导致自己的速度越来越慢。父母需要注意的是，孩子还小，不能客观中肯地评价自己，而他们最信任的人就是父母。如果父母肆无忌惮给他们贴标签，他们渐渐地就会形成错误的自我认知，导致破罐子破摔，对自己也彻底失去信心。毫无疑问，这对于孩子而言是非常严重的负面行为，也会给孩子带来消极的影响。

不管孩子多么拖延，父母对孩子一定要有耐心，千万不要给孩子下定论。孩子正处于身心发展的关键时期，他们正在不断地努力让自己成长，让自己变得更强大，父母怎么能给他们泄气呢！所以，明智的父母知道不能打消孩子的积极性，也不能让孩子对自己失去信心。他们会经常鼓励孩子，在孩子做得好的时候给孩子鼓劲，让孩子继续努力，再接再厉。

此外，父母还可以培养孩子的兴趣。兴趣是最好的老师，在兴趣的激励下，孩子必然动力十足，也能够始终保持积极的热情和昂扬的斗志。当然，对孩子不但需要激励和奖励，也需要给予孩子一定的惩罚。只有让孩子为自己的拖延付出代价，他们才不会觉得父母的催促是一种唠叨，是毫无意义的，也才会主动自发地加快速度，避免拖延带来的恶果。总而言之，不管孩子因为什么拖延，父母都要找到最根本的原因，从而对孩子的教育采取正确有效的方法以期达到事半功倍的效果。

不要让孩子成为冲动的小魔鬼

在成长的过程中，孩子难免会因为各种各样的原因被批评、被否定，甚至被训斥和责骂。每当他人激烈的言辞对孩子造成伤害时，或者他人虽然态度平和却让孩子觉得不自在时，孩子就会因为心中不平的情绪导致冲动。有的孩子骄纵任性，哪怕要求得不到合理的满足，也会不分场合冲动地哭闹打滚。尤其是如今大多数孩子都是独生子女，还有少数孩子是双独家庭的独生子女，他们从小在父母与长辈的宠爱及呵护下长大，更加任性和叛逆。不得不说，这样的孩子一旦走出家庭，走入幼儿园，与小朋友们相处，就会面临很多尴尬的处境。他们或者因为抢玩具而打架，或者因为彼此推搡而反目成仇。即使在与父母相处时，他们也动辄又哭又闹，对于爷爷奶奶等长辈，更是没有分寸，暴跳如雷。

这样的孩子哪怕再有才华，在家庭教育方面也是失败的。因为他们对人没有基本的尊重和理解，也必然导致遭遇他人同样的对待。如果说父母无限包容和疼爱孩子，那么一旦孩子骄纵成性，走入社会之后，他们就会面临窘境，吃大亏，根本无法得到他人的认可和肯定。

要想避免孩子形成冲动的性格，在教养孩子的过程中，父母就要多多关注孩子的心理状态和情绪变化。通常，孩子在冲动之前一定有蛛丝马迹，诸如他们的呼吸会变得粗重，喘息声也会越来越急促，这意味着他们即将爆发。父母或者要防患于未然，及时转移他们的注意力，或者要给他们讲道理，让他们学会控制自己。当然，有很多孩子在冲动时根本听不进去父母的劝说，那么父母也可以采取冷处理的方式，给予孩子时间来理智思考，恢复情绪的平静。

  铸铸是一个特别顽劣的男孩，不但调皮捣蛋，而且脾气还很坏。他从小是由爷爷奶奶带大的，一旦爷爷奶奶不能满足他的愿望，他马上就会歇斯底里地大喊大叫，或者在地上打滚，甚至对爷爷奶奶发脾气。铸铸对爷爷奶奶尚且如此，更别说对爸爸妈妈了。因为爸爸妈妈一直在外地打工，所以铸铸和爸爸相处的时间很少，偶尔爸爸妈妈回到家里，会给铸铸带很多好玩的、好吃的，这样铸铸才愿意与爸爸妈妈亲近。

  某天中午，妈妈正在和铸铸一起玩，因为没有让着铸铸，导致他大发雷霆。看着铸铸发脾气时六亲不认，闭着眼睛使劲哭的样子，妈妈不由得感到很可怕：如果这样的冲动延续到铸铸长大成人之后，那么他如何与他人相处啊！想到这里，妈妈阻止了赶来安抚铸铸的爷爷奶奶，任由他在地上打滚哭泣。

  半个小时之后，铸铸的嗓子都哭哑了，看到没有人来安慰他、向他妥协，他才擦了擦眼泪，从地上爬起来，又坐到沙发上。整个下午，妈妈都不让爷爷奶奶去照顾铸铸，自己也一声也不吭地坐在铸铸身边。铸铸感觉到情况很反常，终于按捺不住，问妈妈："妈妈，爷爷奶奶去哪里了？"

  妈妈由此打开了话匣子，对铸铸说："铸铸，你六岁了，已经懂事了，不要觉得自己还是小孩子。爸爸妈妈不在家，你要成为小小的男子汉，照顾爷爷奶奶，而不要总是惹爷爷奶奶生气。我已经告诉爷爷奶奶了，你以后再这么冲动，不许他们来哄你开心。你可以一直哭，在地上打滚，但是最后你还是要自己站起来，擦干眼泪。"铸铸对妈妈的话似懂非懂，但是有一点他很清楚，那就是他的哭泣打滚再也不管用了。

  果然，接下来的几天时间里，铸铸虽然还是会冲动、发脾气，但是却很少在地上打滚了。

很多孩子之所以总是哭闹，就是因为他们知道自己的哭闹能够要挟父母和长辈。妈妈在见识到铸铸的冲动之后，明确告诉铸铸不要再哭闹。这样一来，铸铸虽然小，却也能够听明白妈妈的话，从而有效减少自身的哭闹次数。从这个意义上来说，孩子的很多哭闹都是被父母惯出来的，父母一定要端正态度，坚持立场，不要因为一时心软就给孩子养成爱冲动的坏习惯。

大多数孩子在使用哭闹计作为杀手锏之前，已经料定了事情会朝着他们所期望的样子发展。然而，他们并不知道事情也会随时变化，父母和长辈对他们的包容度也会有所改变。所以要想从根源上杜绝孩子哭闹的现象，事例中铸铸妈妈的做法很值得借鉴，那就是斩钉截铁地告诉孩子结果，打消孩子的非分之想，从而让孩子主动平复情绪，理智解决问题。

德国大名鼎鼎的教育家赫尔巴特认为，每个孩子从呱呱坠地开始就是一张纯洁无暇的白纸，他们没有足够的意志力控制自己，反而有天生的烈性，这也正是导致他们冲动的根本原因。很多父母都觉得随着孩子渐渐长大，他们就会树大自直，成为中规中矩的栋梁之才。殊不知，孩子是一匹烈马，必须经过驯服，才能被驯化，而父母就是驯服孩子的最佳人选。

当然，父母驯服孩子也要讲究方式方法，毕竟孩子是小野人，不是小野兽。父母要尊重孩子，了解孩子，也要理解和平等对待孩子，而不要一味地以权势压迫孩子，以父母的所谓权威无视孩子，否则孩子就会变得更加叛逆和桀骜不驯。

在帮助孩子战胜冲动的过程中，父母首先可以采取消除冲动诱因的方式控制孩子的冲动，这种方式的效果立竿见影，也不会对孩子造成过度刺激。

其次，父母还要从自身出发，控制好自己的情绪。很多父母本身就是容易冲动的，一旦看到孩子发怒，就更是马上火冒三丈了。不得不说，这只能是火上浇油，而无法成为孩子冲动的灭火器。

最后，父母要想方设法疏导孩子的冲动，而不要一味地压制孩子的天性，更不要禁止孩子冲动。情绪就像是流水，宜疏不宜堵，只有帮助孩子找到合理宣泄情绪的渠道，孩子才能减少冲动的次数，减弱冲动的程度，最终戒除冲动，变得稳重而又从容。

后 记

记得曾经有本书的名字叫《男人来自火星，女人来自金星》，其实，不仅男人和女人来自不同的星球，父母和孩子也来自不同的星球。如果说父母生活在地球上，那么孩子则生活在虚无缥缈的太空。

每个父母都想给孩子最幸福快乐的童年，然而，父母如果不了解孩子，就无法给予孩子所需要的。所以说，要想让孩子拥有幸福人生，最重要的是父母要从地球往太空修建一条通道，去往太空，了解孩子，才能有的放矢给予孩子最好的。

在很多父母眼中，孩子是自己的私有物品，觉得孩子还小，什么都不懂，自己只需要对孩子说什么，他们就会做什么，谈不上什么尊重，更无需理解。殊不知，这种思维有很大的问题，只会让亲子关系陷入尴尬和难堪的境地。

当然，也有的父母对孩子怀着敬畏之心。但无论如何，孩子与父母都不是一路人，要想更好地陪伴孩子，父母就要走到孩子的路上，知道孩子从何处来，到何处去。明智的父母不会强行把孩子拉到自己的道路上，更不会抹杀孩子的天性，让孩子变得无所适从。

每一个父母都自诩是最爱孩子的人，却不知道伤害孩子最深的人也是父母。如果父母不能理解孩子，而是一味地强求孩子回归所谓的正途，孩子的内心必然会受到伤害，也会因此而变得沮丧不安。也有些父母觉得对于懵懂无知的婴幼儿，无需紧张，心理学家却告诉我们，哪怕是发生在襁褓时期的一些事情，也会永远留在孩子的潜意识中，对孩子的人生起到影响作用。

孩子是小兽，是因为他们行为怪异，孩子又不是小兽，因为随着年纪的渐渐增长，他们也变得越来越强大，开始拥有自己的主见，也渐渐产生了更多的需求。有人说，父母是孩子的第一任老师，可见父母在孩子生命中的重要地位和重要性。孩子在真正走入社会之前，家是他们参与和赖以生存的第一个组织，而父母则是这个组织的主宰，也是孩子最亲近和最信赖的人。面对如同一张白纸一样的孩子，父母要怎么做，才能给孩子的人生着色呢？父母又要怎么做，才能打消孩子心中的疑虑，让孩子完全信任父母呢？

这一切，都离不开父母和孩子双方的努力。

如今，很多专业的母婴医院都主张对新生儿进行抚触。抚触不但有利于新生儿的生长发育，也能满足新生儿情感需求和精神需求。最重要的是，在抚触的过程中，父母就可以与新生儿进行交流，建立信任，这对于新生儿的身心发展都是很有好处的。连呱呱坠地的婴儿都需要与父母进行交流，更何况是渐渐长大的孩子呢？

对于教育孩子，父母们也有不同的见解，有的父母主张棍棒底下出孝子，有的父母主张对孩子进行爱的教育。近年来，意大利教育专家蒙台梭利主张，要顺从孩子的天性，遵从孩子的本性，让孩子符合自身的规律自由地成长。蒙台梭利给予孩子至高无上的地位，说孩子是成人之父，能够引导成人找回迷失已久的天性。无论是何主张，每一位父母都有一个共同的心愿，那就是帮助孩子成就最好的自己，让孩子拥有无怨无悔的人生。

归根结底，父母要想经营好与孩子的关系，就要尊重、理解、平等地对待孩子。任何时候，父母都不要把孩子当成自己的私有物品，要知道孩子虽然因着父母而来，却有着自己人生的使命，他们不为任何人而活。当父母把孩子当成完全独立的生命个体时，亲子关系也会前进一大步！